Alfred L. Rosteck
Frohe Zeit

Alfred L. Rosteck

Frohe Zeit

Gedichte und Geschichten
um Weihnachten

Bibliografische Information der Deutschen Nationalbibliothek
Die Deutsche Nationalbibliothek verzeichnet diese Publikation in der Deutschen Nationalbibliografie; detaillierte bibliografische Daten sind im Internet über http://dnb.d-nb.de abrufbar.

©2016 Alfred L. Rosteck

Covergestaltung: Alfred L. Rosteck

Herstellung und Verlag:
BoD - Books on Demand, Norderstedt

ISBN 978-3-7412-9472-3

Inhalt

Vorwort 9
Weihnachtslicht 13
Ja, ich will 14
Ein erfüllter Weihnachtswunsch 15
Weihnachtsgaben 19
Hilferuf 20
Antrag 21
Vorfreude auf Weihnachten 23
Himmelsgnade 24
Das Weihnachtstaxi 25
Lass es zu 29
Seelenstern 30
Heimkehr zur Weihnacht 31
Zur Rettung unsres Lebens 32
Weihnachtsfrieden 33
Ein Weihnachtslied 38
Zweifel und Einsicht 39
O Advent 40
Eine utopische (?) Weihnachtsgeschichte 41
Rettendes Licht 46
Letzte Weihnacht 47
O segensreiche, heilige Nacht! 48
Ein merkwürdiger Weihnachtsabend 49
Wunsch ans Christkind 59
Mach für das Fest mich still bereit 60
Ende gut, alles gut 61
Weihnachtsfreude 65
Sag ja 66
Das Danaer- Geschenk 67
Weihnacht in der Fremde 73

Tröstliches Licht	74
Gnadenreiche Zeit	75
Wahre Weihenacht	83
Zäher Wunsch	84
Ergreif die Gnade	85
Frohe Zeit	86
Nachwort	87

Vorwort

Wir werden es wohl niemals erfassen, das Wunder der Weihnacht. Von alters her ist die Zeit um die Wintersonnenwende heilig und voller Geheimnisse. Die Dunkelheit muss dem Licht weichen, die Tage werden wieder länger und die Hoffnung steigt, dass das Leben den Tod überwinden würde. In allen Kulturen war und ist es immer der Sieg des Lichts über die Dunkelheit, welcher die Menschen mit Freude zu erfüllen imstande war. Dieses Ereignis, das auch am Himmel abzulesen war, wurde enthusiastisch gefeiert.

Was wunder, dass das Christentum an die Stelle der diversen heidnischen Götter, auch wenn sie als Lichtbringer galten, die Geburt des Lichtes schlechthin setzten, wie es durch die Ankunft von Jesus, dem Christus, verkörpert wurde, und das im wahrsten Sinne des Wortes. Und hier begann das Wunder. Das Wort als Ausdruck des göttlichen Willens, war Mensch geworden und brachte das Licht auf die Erde.

Ein Wunder. Wer ist wirklich imstande, dieses Ereignis zu begreifen? Das Ende einer finsteren Epoche wurde eingeleitet. Die Herrschaft der Finsternis, verursacht durch den Abfall von Gott, würde gebrochen werden. Der Anfang war die Geburt. Der Abschluss und der endgültige Sieg über das Dunkel wurden begründet im Tod Christi, dessen wir zu Ostern gedenken. Da wurde uns endgültig das Tor zum Licht geöffnet. Er hat den Tod überwunden, so wie es alle werden, die ihm folgen und sein Geschenk, das Geschenk des Lichtes, annehmen.

Die Geburt des Lichtes. Christus der Retter ist da, singen wir. Der Triumph des Lichtes nicht nur kurzfristig betrachtet, wie es in der Wintersonnenwende zum Ausdruck kommt, sondern bezogen auf die Ewigkeit. Wer will, kann zum Licht gehen, denn die Dunkelheit des Geistes ist überwunden.

Das alles liegt im Weihnachtsfest begründet. Darum ist es ein Fest der Freude, der Dankbarkeit und des Friedens. Denn wer das Licht hat, braucht nichts mehr zu fürchten.

Aus dieser Freude heraus wollen wir auch anderen Menschen Freude bereiten. Deshalb beschenken wir unsere Lieben. Doch niemals sollten die Geschenke wichtiger werden als das eigentliche Ereignis selbst.

Begehen wir in Dankbarkeit und Freude das Weihnachtsfest. Danken wir Gott für alles, was er uns gibt. Und nehmen wir den Weihnachtsfrieden mit ins neue Jahr. Das Licht wird uns nie verlassen, wenn wir es nur festhalten wollen.

Das Wunder der Weihnacht. In der Geburt Christi wurde alles Hoffen der Menschheit erfüllt. Mögen die Menschheit dieses Wunder in ihre Herzen lassen, auf dass endlich Frieden auf Erden werde.

Man kann Weihnachten auf unterschiedliche Weise begehen. Das Spektrum reicht von ernst und besinnlich bis heiter und ausgelassen. Alles kann Ausdruck der Freude sein, wenn es nur vor dem Hintergrund des eigentlichen Sinns des Festes stattfindet.

Und so führen uns auch die in diesem Buch enthaltenen Gedichte und Geschichten durch alle möglichen Stimmungsbereiche. Sie schildern aus dem Blickpunkt unterschiedlicher Ereignisse das Eigentliche von Weihnachten: Gnade, Freude und Frieden. Dass aber gerade zu Weihnachten persönliche Probleme wie Schuld und Alleinsein an Intensität gewinnen, ist eine Tatsache. Jeder sehnt sich nach Geborgenheit und Frieden. Auch diese Stimmungsbilder bleiben nicht unberührt. Es wird zum Teil auch Bezug genommen auf mögliche politische

Entwicklungen und ihre Auswirkungen auf das Weihnachtsfest im christlichen Sinn, die sich in der Gegenwart bereits abzuzeichnen beginnen und die nichts Gutes verheißen.

Mögen wir nie vergessen, das Glück zu schätzen, das uns ein freies und frohes Feiern des Weihnachtsfestes gestattet.

Alfred L. Rosteck
Neulengbach, im November 2016

Ein Wort zur „Neuen Rechtschreibung": Ich folge ihr mit großem Widerwillen, mache aber nicht jede Änderung mit, die sich sogenannte Experten einfallen haben lassen. Es ist also nicht alles ein Rechtschreibfehler, was danach aussieht ...

Weihnachtslicht

Wenn dein Herz voll Hektik steckt
und nicht weiß, wo ein, wo aus,
dann halte ein, bleib mal zu Haus
und denke nach, was wohl bezweckt.

Bedenk in Ruhe all die Lasten,
die du selbst dir aufgeladen,
die deiner Seele doch nur schaden,
und versuche mal zu rasten.

Wie schön es doch als Kind noch war!
Voll Ungeduld, wie Kinder sind,
ersehntest du das Christuskind.
Und die Geschenke, das ist klar.

Wenn dann leis der Schnee noch fiel,
freutest du dich umso mehr.
Den Schnee, den liebtest du gar sehr.
Es war ein wunderbares Spiel.

Am Abend dann, in trauter Runde,
schon das erste Kerzlein schien
auf dem Kranze, duftig grün.
Es gab von frommer Hoffnung Kunde.

Such erneut, was dich beglückt.
Auch ein Erwachsner kann sich freun
auf des Weihnachtslichtes Schein.
Und wirf ab, was dich bedrückt!

Ja, ich will

Wunderlächeln lind.
Unerwartet hier
zwischen Mensch und Tier
ein neugebornes Kind.

Kinderlächeln rührt.
Doch dieses tief ergreift.
Im Herzen Liebe reift.
Dem Kind nur Ehr gebührt.

Zartes Ahnen still.
Vertrau dem Himmelslicht.
Im Innern leis man spricht:
Ja, mein Herr, ich will!

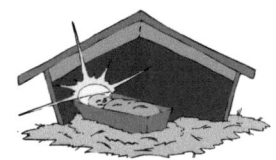

Ein erfüllter Weihnachtswunsch

Jetzt fing es auch noch zu schneien an! Das fehlte ihm gerade noch. Erst eine Rutschpartie auf den frisch verschneiten, dann eisigen Straßen, und später der Matsch, der das Fahren auch nicht angenehmer machte.

Dabei musste er heute noch nach Christkindl. Er hatte den Kindern in der Volksschule versprochen, ihre Briefe persönlich auf das Postamt Christkindl zu bringen, denn die Zeit für den Postweg war bereits zu knapp. Übermorgen war Weihnachten. Und alle Kinder wollten noch ihre Wünsche an das Christkind schicken.

Was haben sie sich auch so lange Zeit gelassen! Gut, da war der Brand in der Schule gewesen, der den Schulbetrieb zwei Wochen lahmgelegt hatte. Aber man konnte ja auch seine Eltern bitten, die Briefe zur Post zu bringen. Aber die jungen Leute sind halt vergesslich und manchmal ein wenig schlampig.

Die Kinder waren zwar oft schlimm gewesen und hatten ihm allerlei Streiche gespielt. Ein Schulwart stand halt nicht in sehr hohem Ansehen bei den Kindern, aber er mochte sie trotzdem. Er langte nach dem Plastiksack mit den Briefen und machte sich auf den Weg. Die Sicht war nicht besonders gut, er musste sich ziemlich konzentrieren. Das würde eine lange Fahrt werden. Wenn er es in drei Stunden schaffte, hatte er Glück. Er schaltete das Radio ein. Vorweihnachtliche Musik erklang. Hatten die keine anderen Platten, dass sie immer dasselbe spielten? Langsam ging ihm das ständige „Last Christmas" auf die Nerven.

Plötzlich durchzuckte ihn ein Gedanke. Wozu fuhr er eigentlich nach Christkindl? Es glaubten ja nur die Kinder, dass das Christkind dann ihre Wünsche erfüllen würde. Er könnte die Briefe ebenso wegwerfen. Oder ihren Eltern weiterreichen. Aber 25 Eltern aufzusuchen, dauerte sicher ebenso lange wie die Fahrt nach Christkindl.

Die Versuchung war groß, den bequemeren Weg zu gehen. Dann fuhr er einfach weiter. Wie sollte er den Kindern in die Augen schauen können, wenn er sie belog? Sie vertrauten ihm schließlich.

Der Schneefall war stärker geworden. Nur mit Mühe unterdrückte er einen Fluch, als vor ihm ein Auto ins Schleudern geriet, und er beinahe mit ihm zusammengestoßen wäre. Er konnte gerade noch ausweichen. Auch der andere Fahrer konnte seinen Wagen abfangen und weiterfahren, wie er im Rückspiegel erleichtert sehen konnte.

Er fuhr bei einer Ausweiche zur Seite, um sich von dem Schrecken zu erholen. Da bemerkte er, dass der Plastiksack mit den Briefen vom Sitz gerutscht war. Alle Briefe lagen verstreut auf dem Boden. Er bückte sich, um sie wieder einzusammeln. Da bemerkte er einen Brief, der keinen Absender aufwies. Wer hatte den bloß geschrieben? Er könnte jetzt alle Briefe durchsehen und im Geiste alle Kinder abhaken, die einen Absender vermerkt hatten. Der Brief, der übrig blieb, müsste dann dem Schreiber zuzuordnen sein. Oder ... Oder er sah einfach hinein. Dann wusste er schneller, wer der Absender war. Er konnte den Brief ja wieder zukleben. Schließlich war es ein Notfall. Das Kind würde ja sehr enttäuscht sein, keine Antwort vom Christkind zu bekommen.

Vorsichtig öffnete er den Brief, um den Umschlag nicht zu sehr zu beschädigen. Er überflog den Text. Das Kind wünschte sich nichts als ein Zuhause. Es hatte seine Eltern vor einem halben Jahr bei einem Autounfall verloren, und da keine Verwandten da waren, war es ins Waisenhaus gekommen, wo es sehr unglücklich war. Er erinnerte sich an den Buben. Ein lieber kleiner Kerl von etwa sieben Jahren, mit großen braunen Augen und dunkelblondem Haar. Er seufzte. Wie sehr hatten sich seine Frau und er ein Kind gewünscht! Aber es blieb ihnen versagt. Was würde mit dem Brief geschehen? Würde die Antwort des Postamts an das Waisenhaus gehen, wenn er die Adresse darauf vermerkte? Was hatte das Kind davon? Die Enttäuschung würde groß sein, wenn der Knabe erfuhr, dass das Christkind ihm kein neues Zuhause schenken konnte.

Da durchzuckte ihn ein Gedanke. Wenn er mit seiner Frau sprechen würde? Vielleicht könnten sie dem Kind ... Aber das war doch abwegig. Sie wäre sicher nicht bereit, ein fremdes Kind aufzunehmen. Andererseits ... Vielleicht könnte sie sich das Kind wenigstens einmal ansehen. Ich hab's, dachte er! Wir werden den Kleinen zu Weihnachten zu uns einladen. Und dann würde man weitersehen.

Sie waren ja noch nicht zu alt für ein Kind, gerade mal 45. Das würden sie schon schaffen. Und wenn das Jugendamt einer Adoption zustimmen würde, ja, dann wären sie eine richtige Familie. Er kam ins Träumen. Dann riss er sich zusammen und setzte den Wagen wieder in Bewegung. Nach einer weiteren Stunde gelangte er müde ans Ziel. Die Fahrt war bei dem Schneefall überaus anstrengend gewesen.

Ein freundlicher Postbeamter half ihm, die Adresse des Waisenhauses ausfindig zu machen. Sie wurde als Absender auf dem Umschlag vermerkt, so dass der Brief an den Schreiber zurückgehen konnte. Natürlich nicht ohne Vermerk des „Christkindls".

Die Rückfahrt war um nichts einfacher als die Hinfahrt. Er kam knapp vor Mitternacht zu Hause an. Seine Frau war noch wach, weil sie aus Sorge um ihn nicht schlafen konnte.

Er erzählte ihr von der schwierigen Fahrt. Schließlich brachte er das Gespräch auf den Buben, der keine Familie hatte. Ob sie ihn zu Weihnachten wohl zu sich einladen könnten? Das wäre für das Kind sicherlich eine große Freude. Der arme Kleine hatte ja so viel durchgemacht. Vielleicht, wenn er sich wohlfühlte und sie ihn mochten, könnte er ja für immer bleiben.

Seine Frau war einigermaßen sprachlos. Nach einer langen Weile des Nachdenkens meinte sie leise, dass das wundervoll wäre. Ein Weihnachtsfest mit glänzenden Kinderaugen sei doch das Schönste, was es gibt. Tränen traten ihr in Augen. Er versprach ihr, alles zu tun, um dieses Vorhaben in die Tat umsetzen zu können.

Durch die Fürsprache seiner Schulleitung bekam er die Erlaubnis des Waisenhauses, den Buben über Weihnachten zu sich zu nehmen. Seine Frau war überglücklich, und auch er selber fühlte große Rührung, als der Knabe am Tag vor dem Heiligen Abend zu ihnen kam. Er durfte, falls er das wollte, die gesamten Weihnachtsferien bei ihnen verbringen. Und dann würde man sehen.

Es wurde ein wunderbares Weihnachtsfest. Der Kleine war sehr glücklich, wenngleich ihn auch die Erinnerung an seine Eltern sehr schmerzte. Aber er war dankbar, dass er bei ihnen sein konnte. Die Geschenke, die sie für ihn gekauft hatten, gefielen ihm sehr. Aber das Schönste war, dass er betonte, das Wichtigste sei ihm, dass er Weihnachten nicht im Waisenhaus verbringen musste. Er war glücklich bei seinen Probeeltern.

Wie eine richtige Familie standen sie unter dem Christbaum und sangen andächtig „Stille Nacht, heilige Nacht".

Und in ihren Herzen waren tiefer Friede, Freude und große Zuversicht, wenn sie an die Zukunft dachten.

Weihnachtsgaben

Ist für uns Weihnachten nur ein Klischee?
Der Kerzenduft und frischer Schnee?
Auch die Lieder, die wir singen,
sollen uns die ins Herz nicht dringen?

Ein Geschäft ist's allemal.
Doch leben Menschen sonder Zahl
vom Verkauf von schönen Sachen,
die uns oft auch Freude machen.

Wenn wir die Freude nicht vergessen,
die uns der Himmel zugemessen,
dann das Fest gesegnet ist
durch die Geburt von Jesus Christ.

Dann hab auch Freude mit den Gaben,
die wir geschenkt bekommen haben.
Doch sollst du andre auch bedenken
und dazu noch Liebe schenken.

Von Dankbarkeit wir sind wir erfüllt.
Unsre Sehnsucht ward gestillt.
Die Gaben und der Weihnachtssegen
konnten unser Herz bewegen.

Hilferuf

Finstere Herzen. Kälte umher.
Breiten sich Schmerzen. Seelen sind leer.

Frieden entzwei. Jeder gen jeden.
Wohlstand vorbei. Verlogene Reden.

Menschen entrechtet. Schlimmer als Vieh.
Freiheit geknechtet. Tod nah wie nie.

In Not heißes Flehen. Zum Himmel empor.
Wir müssen vergehen. Verzweifelter Chor.

Die Last ist so schwer. Unsre Seele verbrennt.
Komm wieder, o Herr! Schaff neuen Advent!

Du bist das Licht! Der Segen, die Liebe!
Dein Wort nur zerbricht die höllischen Triebe.

Friede soll werden. Durch dich, heil'ger Christ!
Weihnacht auf Erden. Wo du bei uns bist.

Antrag

Hohes Haus, sehr geehrte Abgeordnete!

Die neuesten Wirtschaftsdaten geben Anlass zu einiger Besorgnis. Wir müssen für das laufende Jahr mit einem negativen Wirtschaftswachstum rechnen. Auch die Prognosen für das kommende Rechnungsjahr lassen nicht auf ein höheres Wirtschaftswachstum hoffen.

Eine eigens gegründete Task-Force sollte daher Vorschläge zur Belebung der Wirtschaft erarbeiten. Die Prämissen hierfür waren höchstmögliche Effizienz bezüglich der Steigerung des Wachstums und die Vermeidung zusätzlicher Belastungen des Staatshaushaltes.

Der herausragende und meistversprechende Vorschlag geht dabei von folgenden Überlegungen aus: Was sind derzeit die stärksten Anreize für wirtschaftliche Aktivitäten und wie können daraus Maßnahmen für die Zukunft abgeleitet werden?

In die Analyse der Ausgangslage wurden zahlreiche Faktoren einbezogen. Bei der anschließenden Evaluierung der Ergebnisse kristallisierte sich ein Lösungsansatz als besonders erfolgversprechend heraus.

Hohes Haus, werte Abgeordnete! Der stärkste Impuls für die Wirtschaft geht derzeit zweifellos vom Weihnachtsgeschäft aus.

Daher stelle ich folgenden Antrag zur Diskussion und Abstimmung:

Das Hohe Haus möge beschließen, den Antrag 7 der Tagesordnung anzunehmen, nach dem Weihnachten ab dem 1. Januar des Folgejahres fortan jeden dritten Monat stattzufinden hat. Also im März, Juni, September und, so wie bisher, Dezember. Zur Vermeidung zusätzlicher Feiertage wird der quartalsmäßige Weihnachtsfeiertag auf den jeweils zweiten Sonntag des betreffenden Monats gelegt. Ausnahme bildet hier der Dezember, wo keine Änderung des derzeitigen Zustandes Platz greift.

Hohes Haus, sehr geehrte Abgeordnete! Ich ersuche, die offensichtlichen Vorteile dieser Regelung für die wirtschaftliche Entwicklung unseres Landes bei Ihrem Abstimmungsverhalten entsprechend berücksichtigen zu wollen.

Ich danke Ihnen.

Vorfreude auf Weihnachten

Advent ist eine frohe Zeit.
Stellt hohe Gnaden still bereit.
Das Herz sich freudevoll erhebt.
Die Welt der Sorgen sanft entschwebt.

Wenn die Dämmerung sich breitet,
in die Nacht hinübergleitet,
das Licht am Kranz gibt Hoffnungsschimmer.
Ein Kerzlein nur im dunklen Zimmer.

Bald dann alle Kerzen brennen.
Nur ein paar Tage uns noch trennen
vom wunderbaren Weihnachtsfest.
Die Freude uns nicht mehr verlässt.

Dann erstrahlt der Weihnachtsbaum.
Sein Duft erfüllt den ganzen Raum.
De Botschaft jeder hat vernommen:
Das Christkind ist zu uns gekommen!

Himmelsgnade

Man wünscht sich stets hienieden,
dass Schnee zur Weihnacht fällt.
Dass weiß bedeckt die Welt,
das Graue zu erhellen,
den Lärm zu dämpfen weich
mit Decke himmelgleich.

In der Stille Frieden.
Kaum wer fährt und geht.
Alle Hast verweht.
Ein Licht ins Fenster stellen.
Es auch im Herzen tragen.
Dem Zweifel froh entsagen.

Sei Hoffnung uns beschieden.
Dass da kommt die Wende.
Das Dunkel geht zu Ende.
Des Himmels weiße Quellen
mögen uns erfließen
und Gnade uns erschließen.

Das Weihnachtstaxi

Missmutig blickte Thomas aus dem Fenster. Viel konnte er ohnehin nicht wahrnehmen, da die Dunkelheit rasch hereinbrach und die vorbeifliegende Landschaft mehr und mehr verhüllte. Wenn er sein Gesicht gegen die Scheibe lehnte und das Licht im Inneren des Eisenbahnwaggons mit beiden Händen abschirmte, konnte er erkennen, dass die Landschaft, durch die der ICE brauste, ganz mit Schnee bedeckt war. Sie wirkte im Schein des Mondes, der gelegentlich durch die Wolkendecke brach, geisterhaft unwirklich.

Heute war Heiliger Abend. Als Kind hatte er sich immer weiße Weihnachten gewünscht. Heute war ihm das egal, ja sogar zuwider. Schnee in der Großstadt. Er verwandelte sich ziemlich schnell in Matsch, grau und schmutzig. Wien würde sich in dem Jahr, das er im Ausland verbracht hatte, nicht verändert haben. Wenn es schneite, herrschte Verkehrschaos und die Leute waren grantig und nervös. Einzig die Kinder freuten sich. Aber was kümmerte ihn das!

Nach der Trennung von seiner Frau Susanne hatte er seinen kleinen Sohn nicht wiedergesehen. Als sie seinen Seitensprung entdeckt hatte, hatte sie ihn kurzerhand hinausgeworfen. All seine Reue ließ sie unbeeindruckt. So hatte er sich schweren Herzens nach Paris gemeldet, wo die Firma, in der er beschäftigt war, gerade einen Mitarbeiter auf Zeit gesucht hatte.

Das Jahr war nun abgelaufen und daher kehrte er nach Wien zurück.

Ihm graute bei dem Gedanken, Weihnachten allein in dem kleinen Zimmer verbringen zu müssen, das er sich per Internet in einer Pension in Hernals gemietet hatte.

Susanne hatte auf all seine Versuche, mit ihr Kontakt aufzunehmen, nicht reagiert. Ob sie schon einen anderen hatte? Er seufzte. Draußen flog gerade der Bahnhof von Hütteldorf vorbei. Ein paar Minuten noch, und er war am Ziel.

Er verließ den Bahnhof und ging zum Taxistandplatz. Schneefall und Weihnachtsabend. Kein einziges Taxi war zu sehen. Keine Chance. Er hatte aber so gar keine Lust, mit der U-Bahn und dann mit dem Bus zu fahren. Daher entschloss er sich, zu warten.

Sein Herz war schwer. Bittere Reue erfasste ihn wie so oft im vergangenen Jahr. Wie sehnte er sich nach seiner Familie! Sein Sohn konnte bestimmt schon sprechen. Ob er jemals das Wort „Papa" lernen würde? Wenn Susanne ihm nach wie vor jeglichen Kontakt verweigerte, würde es wohl so sein. Denn erzwingen wollte er nichts, schon um des Kindes willen.

Wenn er könnte, würde er alles ungeschehen machen. Er liebte seine Frau doch. Ihn hatte nur das Neue, Unbekannte gereizt. Nie hatte er im Sinn, seine Frau zu verlassen. Aber er war so naiv gewesen zu glauben, das alles ginge so einfach. Frauen sehen das eben anders.

Er spürte, wie ihm die Tränen über die Wangen liefen. Ein Taxi hielt an dem Standplatz und schreckte ihn aus seinen Gedanken. Der Fahrer winkte ihm, einzusteigen. Erleichtert schmiss er seinen Koffer auf den Rücksitz, nahm in dem Wagen Platz und nannte sein Ziel. Der Fahrer nickte und fuhr los. Die Fahrt verlief im Hauptabendverkehr sehr schleppend. Es staute praktisch überall.

Nach einer Weile brach der Fahrer sein Schweigen und meinte, dass es wohl ein wenig dauern werde bei dem Verkehr. Die Weihnachtsfeier würde sich wohl etwas verzögern.

Auf ihn warte sowieso niemand, gab Thomas zur Antwort. Alles egal. Dabei blickte er den Fahrer genauer an. Er sei offenbar in weihnachtlicher Stimmung, bemerkte er, weil er eine Weihnachtsmütze trug. Oder sei das nur geschäftsmäßig?

Der Fahrer sah ihn durch den Rückspiegel an und bemerkte lächelnd: „Wer weiß?"

Mittlerweile hatten sie Kreuzung Gürtel – Hernalser Hauptstraße erreicht. „Da hätten Sie einbiegen müssen!", rief Thomas dem Fahrer erregt zu, als dieser geradeaus fuhr.

„Meinen Sie?", gab dieser zurück. „Ich glaube, so geht es besser."

„Na, meinetwegen! Oft führt ein Umweg schneller zum Ziel", stimmte Thomas etwas widerwillig zu.

„Wohin fahren Sie eigentlich?", fragte er verärgert, als das Taxi nach einer Weile auch die Währinger Straße passierte. Keine Antwort. Der Fahrer setzte seine Fahrt unbeirrt fort und bog schließlich in die Nussdorfer Straße ein.

„Was machen wir hier?", rief Thomas, nun schon ziemlich aufgebracht. „In dieser Gegend habe ich zwar einmal gewohnt, aber das war … einmal … als alles noch okay war."

„Ich weiß", entgegnete der Taxifahrer lächelnd. „Ich weiß." Er hielt vor einem schönen Altbau. „So! Steigen Sie aus!"

Thomas protestierte. „Wieso? Ich habe zwar früher hier gewohnt, genau hier, in diesem Haus. Jetzt aber schon lange nicht mehr. Und wieso wissen Sie …was soll ich hier?"

„Steigen Sie aus. Heute ist Weihnachten. Sie hatten Glück. Ich bin das Weihnachtstaxi." Der Taxifahrer lächelte erneut. „So gehen Sie endlich!"

27

Thomas stieg kopfschüttelnd aus, schnappte sein Gepäck uns wandte sich zum Gehen. Da fiel ihm ein, dass er ja noch gar nicht bezahlt hatte. Deshalb drehte er um, wollte zahlen, aber das Taxi war schon weg. Er wusste nicht, wie ihm geschah.

Wie in Trance drückte er auf den Klingelknopf ...

Lass es zu

Es berührt ein dumpfes Ahnen
meine Seele.
Wie ein Engelshaar so fein
und wunderzart.
Ein süßes Lied erfüllt mein Herz
und rührt mich tief.
Da steigt Gewissheit in mir auf:
Ich bin geborgen.
Sonst nur zur Weihnacht still erklungen,
weilen bei mir
der Weihnachtssegen und der Frieden.
Das ganze Jahr.
Jesus Christ umarmt in tiefer Liebe
verlorne Welt.
Lass es zu, gefallner Mensch.
Zu deinem Heile.

Seelenstern

Soll der Stern zugrunde gehen,
eh er richtig aufgegangen?
Soll keiner mehr sein Strahlen sehen,
weil der Himmel ist verhangen?

Manchmal scheint die Nacht zu tief,
als dass noch irgend Hoffnung wär.
Doch wer traut zum Himmel rief,
fand stets auch irgendwie Gehör.

Ein kleines Fünkchen in der Seele
strahlt heller oft als jeder Stern.
Glaube, Mut und Hoffnung wähle.
Dann ist das Licht dir niemals fern.

Heimkehr zur Weihnacht

Einst lockte dich ein ferner Strand.
Der Duft von fremden Wunderblüten.
Löstest das vertraute Band,
anstatt vor Leichtsinn dich zu hüten.

Es zog der rote Kelch dich an.
Er öffnete sich sanft und groß
und zog dich rasch in seinen Bann.
Du gabst dich hin ihm willenlos.

O welche Wonne spürtest du!
Nie empfunden und gefühlt!
Du wolltest schwelgen immerzu
in Wohlbehagen aufgewühlt.

Sanft, mit Zärtlichkeit umfangen
schwang das Herz sich auf zur Sonne.
Doch als dann ein'ge Zeit vergangen,
verlor allmählich sich die Wonne.

Es fehlten die vertrauten Bande,
die dein Herz umwunden hatten.
Du fühltest plötzlich Schmach und Schande,
und auf dein Herz, da fielen Schatten.

Als kurz die Weihnacht stand bevor,
bist reuevoll du heimgekommen.
Wardst empfangen vor dem Tor
und voll Liebe aufgenommen.

Zur Rettung unsres Lebens

Was gilt uns noch die Weihenacht
in unsrer dürren Zeit?
Was hat die Hektik uns gebracht?
Was macht die Herzen weit?

Es ist heut alles in Gefahr.
Man will uns alles nehmen.
Nichts ist echt und klar und wahr.
Und keiner will sich schämen.

Die Dunkelheit raubt uns die Sicht.
Alles scheint vergebens.
O wie brauchen wir das Licht!
Zur Rettung unsres Lebens.

Weihnachtsfrieden

Welche Hoffnung gab es noch für ihn? Wenn er zurückdachte, wie es früher einmal gewesen war, krampfte sich sein Herz vor Wehmut zusammen. Alles hatte er gehabt. Die Liebe einer Frau, die zu ihm stand, alle seine Launen und Spleens geduldig ertrug und trotz ihres eigenen Leidens durch eine Krankheit, die niemand heilen konnte, immer guter Laune war. Sie hatte stets ein offenes Ohr für ihn, während er selbst total auf seine eigene Mitte konzentriert war. Er war kein guter Mann für sie gewesen. Dabei lebten sie in relativem Wohlstand, konnten sich fast alles leisten, was sie sich wünschten. Und doch ... er konnte eine leise Unrast und Unzufriedenheit nie abschütteln. Das belastete auch seine Frau sehr. Doch er konnte sich nicht befreien aus der Gefangenschaft seiner Gefühle.

Und dann war sie auf einmal nicht mehr da. Jetzt war er allein und konnte es fast nicht ertragen. Jeder Tag eine neue Qual, ein neuer Schmerz. Bittere Selbstvorwürfe zerrissen ihn beinahe. Warum hatte er nicht das dankbar genießen können, was ihm in so reichem Maß geschenkt wurde? Jetzt war er selber krank und wusste nicht, wie lange es noch dauern würde. Seine einzige Hoffnung war, dass er dann, nachher, wieder mit ihr vereinigt sein könnte. Doch gleich erhoben sie wieder die Stimmen, die ihm zuraunten, er sei völlig unwürdig, sich eine derartig große Gnade zu erhoffen. Er hatte es verdorben. Sein ganzes Leben war sinnlos.

Was sollte er bloß tun?

Seine liebste Beschäftigung in dieser schweren Zeit war, in die freie Natur hinauszuwandern, in die Wälder, die sich nahe dem kleinen Städtchen, in dem er wohnte, in dunkler

Stille erstreckten, unterbrochen von sanften Wiesen und Feldern. Jetzt, im Winter, legte sich die tiefe Melancholie der Landschaft wie ein düsterer Schleier über seine Seele. Und trotzdem empfang er so etwas wie Glück, wenn er in der nebelverhangenen Landschaft einsam umherschweifte, voll Unrast, getrieben von Schmerz und Reue.

Als es eines Tages im Advent zu schneien begann, stürzte ihn das umso tiefer in ein Gefühlswirrwarr. Einerseits liebte er es, wenn es schneite, er hatte das immer sehr gern gehabt, andererseits aber fiel er in eine tiefe Depression, weil er diese unsinnige Freude mit niemandem teilen konnte. Weil er sie nicht mit *ihr* teilen konnte. Warum war sie nicht mehr bei ihm? Warum war Gott so grausam gewesen, sie von seiner Seite zu reißen? Ob sie ihm von drüben zusah? Voll Anteilnahme? Oder doch eher froh war darüber, dass sie seine Gemütszustände nicht länger ertragen musste, sie aus sicherer Distanz beobachten konnte, ohne von ihnen berührt zu sein?

Vor ihm breitete sich ein weites Feld. Die umgebrochenen Erdschollen ragten da und dort aus der dünnen Schneedecke. Der Nebel dämpfte jegliches Geräusch, so dass er sich vorkam wie in einer anderen Welt, isoliert und völlig allein. Aus dem Nebel schneite es leicht, die kleinen Schneeflocken legten sich sanft wie eine Liebkosung auf sein Haupt und ließen es allmählich weiß erscheinen. Ein paar Krähen schreckten von seinem Schritt auf und flogen krächzend davon. Er empfand dieses unmelodische Geräusch wie einen Trost aus den Himmeln, denn die Stille war sehr bedrückend.

Er strebte dem Wald zu, dessen dunkle Fichten sich allmählich aus dem Weiß des Schnees schälten, je näher er ihnen kam. Wie liebte er den Wald mit seinen alten, hohen Bäumen! Oft lehnte er sich an einen besonders dicken Stamm und sprach mit dem Baum wie mit einem

Menschen. Er hatte das Gefühl, dass er verstanden wurde und fühlte sich danach getröstet und gestärkt. Nur leider hielt dieses Gefühl nicht lange an. Dann spürte er plötzlich wieder den Schmerz in seiner Brust, der ihn daran gemahnte, dass sein Körper langsam, aber sicher schwächer wurde. Manchmal kam es ihm vor, als ob dieser nur seiner Seele, die bedrückt und traurig war, nachfolgte, gleichsam auf der physischen Ebene nachahmte, was in der Psyche voranging.

Er musste innehalten, um ein wenig zu rasten. Der Schneefall war stärker geworden und hüllte die Landschaft ein. Es dämmerte bereits, als er schließlich den Wald betrat. Es machte ihm nichts aus, denn er kannte die Gegend sehr gut und würde auch bei Dunkelheit nach Hause finden.

Der Waldboden war von menschlichen Spuren unberührt. Nur Fährten von Waldtieren kreuzten gelegentlich seinen Weg, und auch diese wurden langsam vom Schnee zugedeckt. Der Wald lag in tiefer Stille. Nur das leise Fallen der Schneeflocken war zu vernehmen.

Er ging auf seinen Lieblingsbaum zu und umarmte ihn. Seine einzige Gesellschaft zum bevorstehenden Weihnachtsfest. Wie hatte er Weihnachten immer geliebt! Er versuchte die tiefen Gefühle, die dieses Fest so einzigartig machten, wieder erstehen zu lassen, das Fest so zu sehen, wie er es als Kind getan hatte. Doch es wollte ihm nicht gelingen.

Eine plötzliche Schwäche zwang ihn zu Boden. Er lehnte sich an den Stamm, der Kälte nicht achtend, die vom verschneiten Boden ausging. Wo seid ihr, ihr Elfen und Feen, murmelte er leise vor sich hin. So helft mir doch. Zeigt euch mir, nehmt mich mit in eure Welt, denn Gott wird mich nicht aufnehmen.

Die Kälte kroch an ihm empor, aber er brachte die Kraft nicht auf, sich zu erheben. Er vernahm ein Flüstern in seinem Kopf, unverständliche Worte, ohne dass er sagen konnte, woher sie kamen. Es war ihm, als ob sie ihm Trost zusprechen würden, er solle doch hoffen und ... beten! Beten? Was sollte das bringen? Wie viele Nächte hatte er betend zugebracht, Gott angefleht, er möge ihnen helfen, *ihr* helfen. Doch es war umsonst. Gott hatte seine Hand von ihnen zurückgezogen, sie im Stich gelassen.

Die Stimmen murmelten weiter. Das Kältegefühl war einer steten Wärme gewichen, die ihn einhüllte wie ein schützender Mantel. Es kam ihm seltsam vor, dass es heller geworden war. Es musste doch inzwischen Nacht geworden sein! Ein Lichtschein drang aus den Tiefen des Waldes und näherte sich ihm langsam. Ein Stern! Wie kam ein Stern in diesen Wald? Er strahlte und funkelte und hielt direkt vor ihm an. War da nicht jemand? Wer war das?

Er vernahm eine sanfte Stimme. Es sei Zeit, sagte sie, er habe genug gelitten. Zeit, heimzugehen.

Was soll ich denn daheim, erwiderte er mit matter stimme. Da bin ich ja allein.

Nicht dahin, meinte die Stimme. Richtig nach Hause. Dir wird die Weihnachtsgnade zuteil, aller Segen, den der Himmel geben kann.

Er staunte sehr. Weihnachtsgnade? Ihm, der von Gott nichts mehr wissen wollte? Er bemerkte, dass er aufgestanden war. Ihm war nicht mehr kalt, wohlige Wärme umgab ihn. Auf seltsame Weise fühlte er sich gestärkt wie schon lange nicht mehr. Er wagte den Blick zu erheben, was das wohl für ein Stern war, der zu ihm sprach. Zu seiner Überraschung befand sich im Zentrum des Sterns eine Wesenheit. Wer war das? Aber das war doch gar kein Stern, sondern einfach nur ein starker Lichtschein! Er musste plötzlich lachen. Was heißt hier „nur"? Er tat ja so, als wäre es etwas Alltägliches, einem solchen Licht gegenüberzustehen.

Langsam gewöhnten sich seine Augen an das Licht. *Du?* brach es aus ihm heraus. *Du? Bist du ein Engel geworden?*

Nein, antwortete sie. Kein Engel. Ich darf dich nur abholen, dorthin, wo es keine Schmerzen gibt, kein Leid, keine Sehnsucht und auch keinen Groll gegen irgendjemanden. Komm mit mir! Es ist vorbei.

Ohne zu wissen, was er tat, trat er näher und gelangte in den Lichtschein. O wie tat ihm das gut! Er fühlte keinen Schmerz mehr, keine Kälte, keinen Schneefall. Er vermeinte zu schweben, so leicht fühlte er sich. Sie hatte ihn nicht vergessen, sie war da, bei ihm! Und es ging tatsächlich nach oben. Auf einmal lagen der Wald und die Felder unter ihm. Kurz vermeinte er noch eine Gestalt an einem Baum lehnen zu sehen, aber dann verschmolz er mit dem größeren, blendend weißen Licht, das sich über ihm auftat.

Zum ersten Mal seit vielen Jahren empfand er den Weihnachtsfrieden wieder, so schön wie niemals zuvor.

Ein Weihnachtslied
(nach W. Bergengruen)

Würdest heute du geboren,
Heiland, hier in Österreich,
wärst du von Anfang nicht verloren.
Denn unsre Herzen sind so weich.

Wenn ein armes Paar heut käme,
klopfte da an unser Tor,
empfinge hier es keine Häme.
Man kein böses Wort verlor.

Reich bewirtet und beschenkt
die Bettler würden voller Freude.
Ihre Schritte schnell gelenkt
zum schönsten Zimmer im Gebäude.

Es würde alles anders sein,
hättest uns du auserkoren.
Glaub es nur, es würd uns freuen,
wärst du hier bei uns geboren!

Zweifel und Einsicht

Bis Weihnacht ist es nicht mehr lang'.
Paar Tage noch, dann ist's so weit.
Ein Zweifel mir ins Herz da drang.
Was soll das mit der Weihnachtszeit?

All die Hektik, all der Stress!
Ist es das alles wirklich wert?
Und ich meist darauf vergess,
was die Überlief'rung lehrt.

Wenn ich mich darauf besinne,
auf den Frieden, auf die Ruh,
dann ich voll Freude neu beginne,
zu spüren den Segen immerzu.

Weihnachtsfrieden, Weihnachtssegen.
Sind keine leeren Worte bloß.
Das kann unser Herz bewegen.
Weihnachtszeit, wie bist du groß!

O Advent

O Advent, o Advent!
Du bist die Zeit, wo alles rennt
und durch die Einkaufsstraßen hetzt.
Das Christkind wird dabei versetzt.

O Weihnachten, o Weihnachten!
Kommt schneller, als sich alle dachten.
Wo bleibt die Stille, wo die Gnade?
Nichts zu spüren. Das ist schade.

O heller Stern, o heller Stern!
Wie sähen wir dich alle gern.
Weis uns den Weg zu neuem Licht.
Zu hören, was der Engel spricht.

Eine utopische (?) Weihnachtsgeschichte

Wie konnte es nur so weit kommen? Wieder einmal grübelte er darüber nach, wieso keiner es kommen hatte sehen. Die Herzen waren kalt geworden, das war es wohl, dachte er. Er starrte auf den Bildschirm. Gleich würde die Ansprache des Weltpräsidenten kommen. Denn jetzt wurde die Welt von einer Weltregierung beherrscht und hing einer Einheitsreligion an. Und das schon seit zehn Jahren.

Wie alle Jahre am 21. Dezember gab es im Prinzip das gleiche Programm. Erst die Rede des Präsidenten und hernach die Übertragung der Feier zur Wintersonnenwende. Der Vorsitzende der Weltweiten Kirche (früher Papst) würde die Feier leiten. Für gewöhnlich assistierte ihm dabei je ein Würdenträger der ehemaligen großen Religionen der Welt, die es in dieser Form nicht mehr gab. Sie hatten sich vor gut zehn Jahren zu einer einzigen Religion zusammengeschlossen, die angeblich alle wichtigen Elemente der großen Religionen in sich trug.

Seit der Vereinigung gab es kein Weihnachten mehr. Weihnachten war jetzt die Feier der Wintersonnenwende, wie in heidnischen Zeiten, ein neutrales Fest, das die Gefühle der früheren Religionsgemeinschaften nicht verletzte. Man beschenkte einander zwar weiterhin, aber Weihnachtsfeiern im herkömmlichen, christlichen Sinn waren untersagt worden, weil andere sich brüskiert und angegriffen fühlen konnten.

Die christlichen Völker hatten geschlafen, dachte er. Nur eine Minderheit hatte sich aufgeregt, als bekannt wurde, dass die christlichen Konfessionen abgeschafft werden sollten. Den meisten genügte es, dass weiterhin geschenkt und gefeiert werden durfte, wenn auch anders.

Das Christentum war zu einer Untergrundbewegung verkommen. Es gab noch Christen, die sich heimlich trafen und die Feste im herkömmlichen Sinn begingen. Wenn sie erwischt wurden, setzte es lange Freiheitsstrafen wegen Volksverhetzung, Herabwürdigung der Einheitsreligion und Verächtlichmachung der Vorsitzenden. Die Verehrung von Jesus Christus wurde als Götzendienst gebrandmarkt. In einzelnen Fällen wurden auch Todesurteile verhängt. Verehrt werden durfte nur das Licht an sich: Die Sonne, die ab Dezember wieder stärker in Erscheinung trat, und der damit verbundene Sonnengott.

O, wie ähnelte dieser doch dem Luzifer der früheren christlichen Lehre. Aber was konnte man von einer Welt schon erwarten, die einer einheitlichen Regierungsgewalt unterstand?

Das zehnte Wintersonnenwendfest, früher Weihnachten, stand vor der Tür. Seufzend drehte er den Fernseher leiser, denn Abschalten war nicht opportun. Wenn man ihm draufkam, etwa durch missgünstige Nachbarn, drohten hohe Strafen. Die Reden der höchsten Funktionäre anzuhören war patriotische und religiöse Pflicht.

Während die Ansprache lief, schlug er das vorher bereitgelegte Buch auf, dessen Besitz Hochverrat gleichkam: Ein Neues Testament, wie es früher in fast allen christlichen Haushalten vorhanden war. Das Weihnachtsevangelium nach Lukas weckte in ihm die Erinnerung an längst vergangene Tage, als er noch ein Kind war und sein Vater vor dem Christbaum mit seinen leuchtenden Kerzen das Evangelium vorgelesen hatte. Denn vorher gab es keine Bescherung. Wie friedlich das Leben damals war!

Christus war geboren. Das wahre Licht war auf die Erde gekommen, nicht das falsche, wie es heute verehrt wurde, das von einer menschenverachtenden Religion unter einem grausamen Regime erfunden wurde.

O Herr, komm doch wieder auf die Erde und erlöse uns von neuem. Wir haben es zwar nicht verdient, aber das hatten wir vor zweitausend Jahren auch nicht. Erbarme dich unser. Du hast doch versprochen, dass du wiederkommen würdest, um alles neu zu machen. Jetzt wäre ein guter Zeitpunkt dafür. So betete er voll Inbrunst. Du, Herr, bist unsere einzige Hoffnung. Sonst müssen wir verzweifeln.

Dann verharrte er in stummer Andacht, die Worte waren ihm ausgegangen. Er achtete der Tränen nicht, die ihm übers Gesicht liefen. Unsere einzige Hoffnung, wiederholte er leise. Dann zuckte ihm plötzlich ein Gedanke durch den Kopf. Irgendwo musste er das doch noch haben. Er stürzte in den Keller, durchwühlte hastig eine Kiste nach der anderen. Da war es! Endlich! Er nahm die Leiter, verließ das Haus und befestigte das, was er gefunden hatte, an der Hausmauer.

Erstaunte Passanten verhielten ihren Schritt, lasen, was auf dem Transparent geschrieben stand, tuschelten und berieten, was sie damit anfangen sollten.

Plötzlich rief einer aus der Schar, die sich mittlerweile angesammelt hatte, laut, was er auf dem Transparent lesen konnte: „Jesus Christus ist Sieger!"

Und wie durch ein Wunder stimmten andere mit ein, bis auf einmal ein mächtiger Chor durch die Gasse brauste: „Jesus Christus ist Sieger!" Und als ob viele Menschen auf eine derartige Aktion gewartet hätten, wurde die Menge immer größer, wie von unsichtbaren Herolden zusammengerufen.

Schließlich drängten sich einige Tausend Menschen in der Gasse, die Menge breitete sich aus, über die benachbarten Straßen und Plätze hinaus. Die ganze Stadt war in Aufruhr, als die ersten Einheiten der Polizei eintrafen. Mittlerweile hatten einige der älteren Passanten das Weihnachtslied angestimmt, das als das schönste weltweit galt, ehe es verboten wurde: Stille Nacht, heilige Nacht. Und das Lied brauste durch die Stadt, überrollte die Polizeikommandos, die sich der Kraft dieses Liedes nicht entziehen konnten. Viele Polizisten begannen mitzusingen, jene, die sich weigerten, konnten sich nicht durchsetzen.

Jesus Christus ist Sieger! Dieser Wahlspruch breitete sich aus, geheimnisvoll von einer Stadt zur nächsten getragen, eine machtvolle, friedliche Revolution, die die überraschten Machthaber erschauern ließ und zunächst ratlos machte. Der Bazillus hatte sich rasend schnell verbreitet. Die Moslems griffen die Grundidee auf und traten für ihre Religion, wie sie früher war, ein und wollten Mohammed wieder im Vordergrund sehen. Sogar die orthodoxen Juden, die ebenfalls mit der Manipulation ihres Glaubens nicht einverstanden waren, forderten offen die Wiederherstellung ihres Glaubens im ursprünglichen Sinn.

Eine machtvolle Protestbewegung rollte durch Europa, griff auf Amerika und Asien über, und stellte die Machthaber vor unlösbare Probleme. Niemand hatte damit gerechnet, dass Religion für die Menschen derart wichtig war. Bisher war ja nie der geringste Protest lautgeworden.

Dann traten die Hardliner auf und ordneten den Einsatz des Militärs an. Da die Bewegung aber quer durch die Bevölkerung aller Regionen ging und auch die Ordnungskräfte durchsetzte, war guter Rat teuer. Ein hartes Durchgreifen gestaltete sich schwierig, denn man wusste nicht, wer dies bewerkstelligen sollte, weil die Befehlsstrukturen zusammengebrochen waren.

Es begannen sich kleine regionale Einheiten zu bilden, die eine eigene Verwaltung bestellten und neue

Verfassungen proklamierten. Das Eindruckvollste war, dass es keine Rivalität zwischen den Regionen und Religionen gab. Toleranz wurde geübt, bis etwas Merkwürdiges passierte:

Die nichtchristlichen Religionen gestanden ein, dass der Urheber der Revolution ein Christ war, dass es Christen waren, die alles ins Rollen gebracht hatte. Und viele Moslems und Juden verspürten eine leise Sympathie für diese Lehre, die so machtvoll war, sogar die weltweite Diktatur ins Wanken zu bringen. Und immer mehr Menschen erkannten die Führerschaft der Christen an, traten sogar zu deren Glauben über. Sie wurden herzlich willkommen geheißen, unter der Bedingung, dass die Liebeslehre Jesu als oberstes Prinzip anerkannt wurde. So ergab sich eine Plattform für ein friedliches Zusammenleben. Die Staatsmacht hielt sich weiterhin zurück und wollte retten, was es zu retten gab. Man gestand schließlich volle Religionsfreiheit zu und erließ eine föderale Verfassung, die den Regionen mehr Freiheit gewährte. Man trat die Flucht nach vorn an, indem man das Christentum zur Staatsreligion erhob, allerdings mit der Einschränkung, auch andere Religionen anzuerkennen.

Das nächste Weihnachtsfest wurde wieder in der traditionellen Weise gefeiert. Die älteren Menschen holten ihren Christbaumschmuck hervor, manche hatten auch noch Krippen im Keller, die von den Kindern unter dem Christbaum bestaunt wurden.

Christus, der Retter ist da, klang es durch Straßen. Und Frieden war in die Herzen der Menschen eingekehrt.

Eine Utopie(?).

Rettendes Licht

Sehnsucht nach Frieden.
Im Hause geborgen.
Ist Ruh uns beschieden,
fern aller Sorgen.

Die Abende lang.
Draußen schon Schnee.
Gedicht und Gesang.
Bei Kuchen und Tee.

Es leuchten uns Kerzen.
Weisen das Ziel.
Fröhliche Herzen
erhoffen sich viel.

Noch dunkle Nacht.
Wir fürchten uns nicht.
Es wird uns gebracht
das rettende Licht.

Letzte Weihnacht

Ist still geworden in den Gassen.
Alle sind jetzt wohl zu Haus.
Zu Weihnachten geht keiner raus.
Nur ich bin einsam und verlassen.

Gehe langsam durch die Nacht.
Schau in Fenster, seh die Kerzen.
Die Weihnachtslieder gehn zu Herzen.
Das Christkind hat wohl viel gebracht.

Glücklich tönt das Kinderlachen.
Familien sitzen um den Tisch.
Genießen Braten oder Fisch.
Kann nur träumen von den Sachen.

Den Weihnachtsfrieden viele spüren.
Freude und Geborgenheit.
Das alles ist für mich sehr weit.
Hinaus mich meine Schritte führen.

In Eis und Schnee der Wunsch mir reift,
zu suchen meinen eignen Frieden.
Ein kühler Platz ist mir beschieden.
Der Frost allmählich nach mir greift.

Ein heller Stern am Himmel blinkt.
Mein letztes Ziel ist wohl sein Licht.
Es Glück und Frieden mir verspricht.
Kalt die Welt um mich versinkt.

O segensreiche, heilige Nacht!

Das Weihnachtsfest ist nicht mehr fern.
Wie hab ich den Advent doch gern!
Den Zauber spür ich trotz dem Trubel.
Die Hektik weicht bei mir dem Jubel.

Ich seh am Weihnachtsmarkt die Lichter.
Lese Verse frommer Dichter.
Freu mich, wenn es endlich schneit.
Denn das gehört zur Weihnachtszeit.

Für viele ist's nur ein Klischee:
Kekse backen, erster Schnee,
Kerzenduft auf Nadelgrün
und Lieder, die zu Herzen ziehn.

Doch sieht man alles wie ein Kind,
ein Märchen wahr wird ganz geschwind.
Sich gegenseitig Freude schenken.
Und der Geburt des Herrn gedenken.

Dann wird die Weihenacht zum Wunder.
Man vergisst den ganzen Plunder,
den die Welt uns vorgemacht.
O segensreiche, heilige Nacht!

Ein merkwürdiger Weihnachtsabend

Es war ein merkwürdiger Heiliger Abend. Eigentlich war der ganze Tag schon komisch. Dabei hatte ich mich immer so auf Weihnachten gefreut. Schon als Kind, was aber völlig klar war, denn welches Kind freute sich nicht auf Weihnachten, aber ich hatte diese Freude auch im Erwachsenenalter stets verspürt. Ich hatte mir meine kindliche Freude bewahrt, trotz aller Hektik und dem Trubel, den die moderne Welt mit sich gebracht hatte.

Aber diesmal ... Es konnte bei mir keine rechte Freude aufkommen. Es lag nicht daran, dass es nicht schneite (darauf hatte ich immer besonderes Augenmerk gelegt und war völlig außer mir, wenn es weiße Weihnachten gab) und es am frühen Nachmittag grau und schon relativ dunkel war. Auch nicht daran, dass ich noch viel Arbeit vor mir hatte am Heiligen Abend. Die hatte ich ja jedes Jahr.

Nachdenklich schritt ich die Straße entlang und achtete kaum auf die Weihnachtsbeleuchtung, obwohl sie in diesem Jahr besonders hübsch war. Ich hatte noch genügend Zeit, ehe ich zu Hause mit den Weihnachtsvorbereitungen beginnen musste. Nicht alles oblag mir, Gott sei Dank, nur ein Teil davon. Meine Frau und ich hatten eine Übereinkunft: Sie sorgte für die leiblichen Genüsse, während ich für das Schmücken des Christbaums zuständig war. Ich machte das gern. Für gewöhnlich drehte ich stimmungsvolle Musik auf, während ich den Baum herrichtete. Dabei versuchte ich stets, farblich abgestimmten Schmuck zu verwenden, und zwar jedes Jahr einen anderen. Stimmt nicht ganz, räumte ich bei mir ein, denn ich hatte nur zwei Farbkombinationen zur Verfügung: Rot-Gold oder Blau-Silber. Aber das machte nichts. Meine

Frau wagte zwar hin und wieder den Versuch, mir andere Farbkombinationen einzureden, nämlich die, die man eben gerade „hatte", aber ich war da stur. Es musste ein Baum sein, der traditionell geschmückt war, mit Lametta und Glitzerzeug, da war Blau-Silber ohnehin schon sehr gewagt. Keinesfalls hätte ich einen Bauernchristbaum mit Äpfeln und Nüssen und Strohsternen akzeptiert. Das passte nicht zu uns, fand ich, haben wir nie gemacht, wozu jetzt?

Aber ich schweifte ab, kam mir in den Sinn. Lieber sollte ich schauen, dass mich keiner der geschäftig daherkommenden Leute umrannte, dachte ich mir. Die passten ja auch nicht auf. Ich nahm den Faden wieder auf. Eigentlich wollte ich ergründen, was dieses Weihnachtsfest anders machte als die vorherigen. So sehr ich auch grübelte, es wollte mir keine rechte Erklärung einfallen. Ich seufzte. Dass sich meine Frau und ich schon lange keine Geschenke mehr machten, war sicher nicht der Grund. Wir fanden, dass wir uns ohnehin alles kauften, was wir wollten. Außerdem hatten wir schon alles. Und Schmuck zu schenken, war äußerst heikel. Meine Frau war da sehr wählerisch. Da war es schon klüger, sie dabei zu haben. Da konnte nichts schiefgehen. Nur: Überraschung war das halt keine. Aber wie gesagt: wir waren uns in diesem Punkt einig.

Also, was war es, was mir auf die Stimmung drückte? Die allgemeine politische Lage, all die wirtschaftlichen Probleme, die ihre scheußliche Fratze immer deutlicher sichtbar machten? Oder lag es daran, dass unsere Kinder es vorzogen, im Kreise ihrer eigenen Familien bzw. Partnerschaften zu feiern und nicht mit ihren Eltern? Blödsinn! War ja ganz natürlich. Vielleicht würden meine Eltern noch kommen, die hochbetagt waren und auch lieber gemütlich zu Hause saßen und zu Bett gehen konnten, wann immer sie wollten.

Missmutig schüttelte ich den Kopf. Wahrscheinlich lag es daran, dass ich es viel zu wenig schätzte, einen ruhigen und friedlichen Heiligen Abend zu erleben, auch wenn er keine besonderen Höhepunkte aufwies. Eine miese Tagesverfassung halt, dachte ich.

Unwillkürlich war ich zum Christkindlmarkt gelangt. Buntes Treiben, wohin auch immer man schaute. Fröhliche Kinder rannten zwischen den Buden umher, manche naschten Zuckerwatte oder andere Süßigkeiten, andere wieder fanden ihr Vergnügen darin, mit dem Ringelspiel oder Autodrom zu fahren. Das erinnerte zwar mehr an einen Rummelplatz, war aber in den letzten Jahren immer stärker in Mode gekommen und bereitete den Kindern offensichtlich viel Spaß.

Ich verhielt meinen Schritt und sah dem Getümmel eine Weile zu. Von Besinnlichkeit oder gar Stille war hier keine Spur. Aber Kinder waren nicht besinnlich, sie wollten Spaß haben und umhertollen. Also war dies alles in Ordnung. Und für die Veranstalter ein gutes Geschäft. Aber war Weihnachten letztlich nicht hauptsächlich ein gutes Geschäft? Wen interessierte wirklich der wahre Anlass des Festes? Christi Geburt, das Licht, das in die Welt kam, die voll Finsternis war. Die Geburt des Erlösers. Ich fragte mich, ob die Menschen überhaupt wussten, wovon sie erlöst worden waren, und bezweifelte, dass viele hierüber Bescheid wussten.

Wenn ich es recht bedachte, war die ganze Erlösungstat Christi, die ja mit seiner Geburt begonnen hatte, irgendwie verpufft. Die ganze Welt war aus den Fugen, Kriege und Konflikte, wohin man sah. Was wir brauchten, war eine neuerliche Erlösung. Nämlich von all dem Bösen, das die Welt heute beherrschte. Aber das hatten sich die Menschen selbst eingebrockt. Auf der einen Seite die Herrscher, die sich hinter den unterschiedlichsten Masken verbargen.

Politiker waren da nur die Galionsfiguren. Dahinter standen die Wirtschaftsbosse, die Großkonzerne und noch weiter hinten irgendwelche Strippenzieher, die ihr finsteres Spielchen um die Erringung der totalen Macht spielten. Auf der anderen Seite die gewöhnlichen Menschen. Die meisten hatten um ihr bescheidenes Dasein zu ringen, da blieb nicht viel Zeit für große weltpolitische Überlegungen. Den anderen war es schlicht gleichgültig, solange sie ihr Leben leben konnten. Das war der Punkt. Irgendwann würde es nicht mehr weitergehen, und was dann?

Ich fühlte, wie mir der Weihnachtsfrieden, den ich ohnehin nur rudimentär verspürt hatte, völlig abhanden kam. Stopp, rief ich mir selbst zu, hör auf damit, da ich aus Erfahrung wusste, dass ich dieses Gedankenkarussell nicht mehr stoppen würde können, wenn ich ihm nicht gleich Einhalt gebot.

Da fiel mein Blick auf einen kleinen Jungen, der sich mühsam auf Krücken vorwärts bewegte. Er schien allein zu sein, denn ich konnte niemanden ausmachen, der zu ihm gehörte. Der Junge blieb vor einer Bude stehen, die heiße Würstchen verkaufte. Sein Blick drückte soviel stummes Begehren aus, dass es mich ans Herz rührte. Ich fragte den Jungen, ob er ein Würstchen wolle. Der Knabe blickte zu mir auf, in seinen Augen lag erst Unverständnis, dann Überraschung. Offenbar musste er die Frage erst einordnen. Dann nickte er heftig, und in seine Augen trat der Ausdruck froher Erwartung. Als er in das Würstchen biss, trat ein geradezu verklärter Ausdruck in seine Augen. Ihm zuzuschauen, war eine Freude. Wie oft kam es vor, dass ein Kind dankbar war für ein bisschen Essen? Wie viele Nahrungsmittel landeten nicht im Papierkorb? Der Junge war schnell fertig mit dem Würstchen.

„Willst du noch eines?", fragte ich ihn. „Wie heißt du denn?"

„Ja, ja, bitte! Und ich heiße Paul. Meine Mutter ruft mich aber Pauli. Ist mir eh lieber", fügte er verschmitzt hinzu.

Das Schauspiel wiederholte sich. Aber er war offensichtlich satt geworden. Auf die Frage, wo seine Eltern seien, antwortete der Junge in gutem Deutsch, dass seine Mutter noch arbeiten sei.

„Und dein Vater?"

„Mein Vater ist schon lange tot. Ich kann mich fast nicht mehr an ihn erinnern."

„Und wieso musst du mit Krücken gehen?"

„Ein Unfall", war die Antwort. „Aber das wird schon wieder, sagt der Doktor."

„Was für ein Unfall?"

„Ich bin vom Traktor gefallen, der hat mich dann überfahren."

„Du kommst also vom Land?"

Der Junge nickte eifrig. „Ja, aber als mein Vater gestorben ist, ist meine Mutter mit mir in die Stadt gezogen. Da gibt's mehr Arbeit, sagt sie. Aber viel haben wir nicht."

„Magst du einmal Ringelspiel fahren? Oder Autodrom?"

„Autodrom wäre schon super!", krähte der Bub.

„Na, dann komm!"

Ich bezahlte einen Fünferblock und setzte den Jungen in ein Auto.

„Kannst du Gas geben?"

„Ja, ja, das geht schon", strahlte der Junge.

Und los ging's. Pauli quietschte vor Vergnügen, bumste gegen die anderen Autos, fuhr kreuz und quer und im Kreis. Man sah ihm an, dass er so etwas schon lange nicht, oder noch nie, erlebt hatte.

Da fiel mir eine Frau auf, die offenbar nach jemandem suchte. Sie war noch jung, so gegen dreißig, war einfach, aber sauber gekleidet und ziemlich hübsch. Plötzlich stieß sie einen Schrei aus und stürzte auf das Autodrom zu. „Pauli, was machst du da?", rief sie. Pauli hörte nicht gleich, doch dann reagierte er. Er winkte seiner Mutter fröhlich zu und schrie etwas, das man aber wegen der Musik nicht verstehen konnte.

Dann entdeckte mich die Mutter und die Krücken, die ich in der Hand hielt, wartend, dass die Fahrten zu Ende gingen.

„Was haben Sie mit meinem Buben gemacht? Haben Sie nicht bemerkt, dass er behindert ist? Es könnte weiß Gott was passieren!"

„Aber, aber! Sehen Sie nicht, wie viel Spaß es ihm macht? Außerdem kommt er sehr gut zurecht, finden Sie nicht auch?", wandte ich ein.

Die fünf Fahrten waren vorbei. Ich lief zu dem Wagen, half dem Jungen heraus und reichte ihm die Krücken.

„Es war so toll, Mama!", krähte er vor Begeisterung. „Der Mann da war so freundlich, er hat mich eingeladen. Stell dir vor, Würstchen hab ich bekommen! Toll, nicht?"

Die Mutter war weniger begeistert. „Ich hab dir schon hundertmal gesagt, du sollst dich vor Fremden in acht nehmen. Bedank dich bei dem Herrn und komm jetzt. Und mach das nie wieder. Ich will nicht, dass dir was geschieht. Glaubst du, ich will dich auch verlieren wie Vater?"

„Danke!", sagte der Bub folgsam und sah mich mit großen Augen an. „Es war so schön! Und Servus!"

Die Frau bedankte sich auch.

Da fiel mir ein, was der Junge gesagt hatte. Dass sie mehr oder weniger arm waren.

„Darf ich auch Sie zu einem Imbiss einladen?", fragte ich die junge Frau. „Keine Angst, ich will nichts von Ihnen. Ich habe eine Frau und bin glücklich verheiratet. Aber heute ist schließlich Weihnachten, da bereitet man doch anderen Menschen eine Freude. Finden Sie nicht?"

Die Frau errötete und bedankte sich. „Okay, warum nicht?", sagte sie nach kurzem Zögern. „Dann esse ich auch ein Würstchen."

„Und ich bitte auch noch eins!", rief Pauli.

„Ja, natürlich! Kommt ihr beide, da drüben ist eine Würstchenbude."

Die beiden aßen mit gutem Appetit ihre Würstchen.

„Darf ich Ihrem Sohn noch eine Kleinigkeit kaufen? Ein Spielzeug vielleicht? Ein kleines Weihnachtsgeschenk nur?", schlug ich vor.

Der Junge war gleich Feuer und Flamme. „O, das wäre super! Gell, Mama, ich darf doch?"

Die Frau sah mich fragend an, zögerte und gab dann ihre Einwilligung. „Aber nur eine Kleinigkeit, ist das klar?"

„Und Sie? Vielleicht würden Ihnen ein Schal oder Handschuhe gefallen?"

„Nein danke, das ginge zu weit! Ich danke Ihnen für alles. Aber jetzt ist es genug."

Der Junge hatte sich inzwischen beim Stand nebenan ein Auto ausgesucht. Ein Polizeiauto mit Sirene und Blaulicht.

„So eins wollte ich schon immer! Darf ich das haben?"

„Ja, natürlich!", erwiderte ich.

Ich bezahlte und wandte mich nochmals an die Mutter. „Was arbeiten Sie eigentlich?"

Sie wand sich etwas und wollte mit der Sprache nicht heraus. Dann antwortete sie zögernd: „Ich habe nichts gelernt außer der Landwirtschaft. Nach dem Tod meines Mannes musste ich jede Arbeit annehmen, die ich kriegen konnte. Jetzt gehe ich in Haushalte und putze halt. Verdienen kann man da nicht viel, ich muss viel arbeiten, um uns beide durchzubringen."

„Meine Frau könnte etwas Hilfe gebrauchen", warf ich nachdenklich ein. „Sowohl im Haushalt als auch im Garten. Wären Sie bereit, uns gelegentlich zu helfen? Und Ihr Sohn könnte mitkommen und schauen, was es noch an Spielsachen von unseren Kindern gibt. Das würde ihn sicherlich freuen."

„Ja, Mama, machen wir das?", Pauli war begeistert.

„Ja, wenn Sie meine Hilfe brauchen, gerne. Ich suche ohnehin immer Arbeit", freute sich die junge Frau.

Ich gab ihr die Adresse. „Wir können nach Weihnachten etwas vereinbaren. Haben Sie ein Handy?"

„Ja, hier ist meine Nummer", erwiderte sie und gab mir einen einfachen Zettel mit ihrem Namen und ihrer Nummer, den sie für solche Fälle offenbar vorbereitet hatte.

Auch ich reichte ihr meine Karte. „Gut, dann melden wir uns, wenn wir Sie brauchen", versprach ich.

Die Frau bedankte sich nochmals, der Junge auch. Glücklich hielt er sein Polizeiauto in der Hand, mit der andern stütze er sich auf seine Mutter, die die Krücken für ihn hielt. Die Mutter nahm ihm das Auto ab, verstaute es in ihrer Tasche und reichte ihrem Sohn die Krücken.

Ich fragte sie leise, ob das wieder gut würde.

Sie wisperte zurück, dass nicht viel Hoffnung bestünde, aber das wisse er nicht. Vielleicht, wenn ein Wunder geschähe.

Mir krampfte sich das Herz zusammen. Der arme kleine Kerl! Aber vielleicht würde es wenigstens besser.

Sie winkten mir zum Abschied zu und dann gingen sie davon. Pauli humpelte mühsam neben seiner Mutter her, die sichtlich bemüht war, nicht zu schnell zu gehen.

Dann waren sie im Gewühl verschwunden.

Mein Missmut von vordem war wie durch ein Wunder verschwunden. Mein Erlebnis mit dem Jungen hatte mir gezeigt, dass es viel Elend gab. Dabei war er so fröhlich und dankbar für jede Kleinigkeit. Und seine Mutter musste sich abrackern, um sie durchzubringen.

Zu Hause angekommen, erzählte ich meiner Frau von meinen Erlebnissen. Sie staunte nicht schlecht, dass ich derartige soziale Anwandlungen hatte. Als ich zu der Stelle kam, wo ich der jungen Frau angeboten hatte, bei uns zu putzen, runzelte sie die Stirn und meinte, dass sie niemanden brauche, am allerwenigstens eine junge Frau. Sie käme schon allein zurecht. Als ich einwarf, dass ihr Rücken ihr doch einigermaßen zu schaffen machte, war sie etwas versöhnlicher.

„Na gut, wir tun ein gutes Werk damit und mir ist auch geholfen", beendete sie die Diskussion.

Fröhlich ging ich daran, unseren Christbaum aufzustellen und zu schmücken.

„Willst du Gold-Rot oder Blau-Silber!", rief ich meiner Frau zu. „Such es dir aus!"

„Mir egal! Ich möchte Violett-Weiß, und das hast du nicht. Also mach, wie du willst!", kam es zurück.

Ich entschied mich für Rot-Gold. Als ich die letzte Kerze an dem Baum befestigt hatte, betrachtete ich stolz mein Werk. Er war wirklich sehr schön, unser Baum!

Meine Frau hatte sich in die Küche zurückgezogen, wo ich sie mit dem Geschirr klappern hörte.

Da klingelte das Telefon. Meine Mutter. Ich erfuhr, dass es meinem Vater, der rekonvaleszent gewesen war, wieder besser ging und meine Eltern gerne kommen wollten, auf einen Sprung, wenn es uns nichts ausmache.

Natürlich hatte ich nichts dagegen und betonte, dass wir uns sehr freuen würden.

Als wir dann, nachdem wir die Kerzen angezündet und das Evangelium gelesen hatten, gemütlich bei Tisch saßen, klingelte es plötzlich.

Erstaunt ging ich zur Tür. Unser jüngerer Sohn mit seiner Freundin! Mein Erstaunen schlug schnell in Freude um.

„Das ist aber eine Überraschung!", rief ich. „Und eine wunderschöne noch dazu!"

Unser Sohn meinte, sie hätten kurzfristig beschlossen, bei uns vorbeizuschauen.

Es wurde ein sehr gemütlicher und stimmungsvoller Heiliger Abend. Der Tag hatte merkwürdig begonnen und merkwürdig geendet.

Doch auf eine ganz andere Art. Aus Katerstimmung war Freude geworden. Als meine Frau dann aus dem Fenster sah und rief, dass es schneite, geriet ich völlig aus dem Häuschen.

Jetzt war das Weihnachtfest perfekt. Wir saßen noch lange beisammen und waren fröhlich wie schon lange nicht.

Und ich dachte an Pauli und hoffte, dass auch er einen schönen Heiligen Abend haben würde.

Wunsch ans Christkind

„Ich wünsch mir einen Teddybären!",
zum Christkind spricht der kleine Klaus.
„Aber zwei noch besser wären.
Da wär'n sie nicht allein zu Haus,
wenn ich in der Schule bin.

Und auch ich bin so allein.
Hab ja keine Eltern mehr.
Sie sollen bei dir im Himmel sein.
Ach, wie ist mein Herz so schwer.
O Christkind, ich will auch dorthin!

Doch geht das nicht, die Tante spricht.
Und sie schimpft dann bös mit mir.
Doch tröstet mich das wirklich nicht.
Nur Traurigkeit ich dann verspür.
Hat ja alles keinen Sinn.

Ich könnt die Teddys fest umarmen,
damit ich besser schlafen kann.
Auch der Mond könnt sich erbarmen,
der des Nachts so dann und wann
mir freundlich durch das Fenster schien.

Ich bitte dich, o Christkindlein,
den kleinen Wunsch erfüll mir doch.
Aber plötzlich fällt mir ein,
was du mir bringen könntest noch:
Eine kleines Päckchen mit viel drin."

Mach für das Fest mich still bereit

Wenn ich durch die Straßen geh,
mit offnen Augen im Advent,
ich die Welt nicht mehr versteh,
die sich hier zu Tode rennt.

Schon im Oktober Weihnachtssachen.
Weihnachtsmärkte im November.
Alles wirklich nur zum Lachen.
Das Fest ist schließlich im Dezember.

Doch was soll's. Liegt ja an mir,
wie ich begeh die Weihnachtszeit.
Schließe hinter mir die Tür.
Mach für das Fest mich still bereit.

Ende gut, alles gut

Jetzt kam endlich wieder die Zeit heran, die ihm entsprechend befriedigende Einnahmen versprach. Der Advent. Josef, genannt Joe, der Finger, war nicht etwa Budenbesitzer auf einem Christkindlmarkt. Nein, er liebte es, als Weihnachtsmann verkleidet seiner Profession nachzugehen. Das bedeutete, sich zu nehmen, was man kriegen konnte. Im vorweihnachtlichen Gedränge war es besonders leicht, die eine oder andere Geldbörse oder Brieftasche zu ergattern, ohne dass deren Besitzer es merkte. Und wenn, war es schon zu spät. Joe war auch nicht abgeneigt, in Wohnungen nach Wertgegenständen zu suchen, wenn die Bewohner unterwegs waren und er mit den Brieftaschen die Adressen erbeutet hatte.

Joe trug unter seiner Verkleidung stets das nötige Werkzeug mit sich, um in Wohnungen eindringen zu können. Er war richtig gut darin. Darum nannten ihn seine Ganovenkollegen den „Finger", kurz für Langfinger.

An einem trüben Tag knapp vor Weihnachten war Joe wieder als Weihnachtsmann verkleidet unterwegs. Allerdings mit wenig Erfolg. Die Leute passten höllisch auf ihre Brieftaschen auf. Da wurde er auf eine Frau aufmerksam, die offenbar allein unterwegs war. Mit seinem geübten Auge entdeckte er bald, dass die Frau bei den Weihnachtsbuden manches mitgehen ließ, ohne zu bezahlen. Sie stellte sich sehr geschickt an, verschwand immer sehr schnell, bevor sie entdeckt wurde. Meist nahm sie Spielzeug mit, oder Süßigkeiten, Christbaumschmuck oder Ähnliches. Joe folgte ihr unauffällig, was wegen seiner Verkleidung nicht leicht war.

Da bemerkte er, dass die Frau offenbar erwischt worden war, denn sie versuchte, wegzurennen und drängte sich rücksichtslos durch die Menge. Der Budenbesitzer laut schreiend hinterher. Die Frau verließ den Weihnachtmarkt und rannte über die Straße. Direkt in ein Auto hinein. Sie wurde niedergestoßen und blieb regungslos liegen. Joe sah, dass ihre Tasche in weitem Bogen davonflog. Direkt ihm vor die Füße und unter seinen langen roten Mantel. Joe schaute sich um, ob dies jemand beobachtet hatte. Aber alle starrten auf die regungslos daliegende Frau. Da nahm Joe die Tasche an sich und verdrückte sich.

In einem Hausflur untersuchte Joe die Tasche. Sie enthielt eine Menge Diebsgut, eine Geldbörse samt Ausweis sowie einen Schlüsselbund. Joe grinste. Prima. Das lief ja gut. Adresse und Schlüsseln. Gewissensbisse kannte er nicht, schließlich hatte auch die Frau gestohlen.

Die Frau würde sicher in ein Spital gebracht werden. In der Zwischenzeit würde er ihrer Wohnung einen Besuch abstatten.

Er läutete an der Tür. Würde jemand öffnen, hätte er als Weihnachtsmann eine gute Ausrede. Doch es war niemand zu Hause. Er schloss auf. Stille. Irgendwo weinte ein Kind. Joe zuckte zurück. In einem Zimmer brannte Licht. Vorsichtig spähte er um die Ecke. Da saß ein kleiner Bub, so um die drei Jahre, auf dem Fußboden und weinte jämmerlich. Was sollte er tun? Abhauen? Aber der Kleine war allein. Ob seine Mutter so bald wieder kommen würde, war ungewiss.

Da entdeckte der Kleine ihn. Er verstummte augenblicklich. Sein Erstaunen verwandelte sich rasch in helles Entzücken. „Weihnachtsmann!", krähte er voll Freude. Er streckte die Ärmchen nach ihm aus: „Weihnachtsmann! Hast was mitgebracht?"

Joe war ratlos. Da fielen ihm die Spielsachen ein, die seine Mutter gestohlen hatte. Er zog ein aufziehbares Auto aus der Tasche und reichte es dem Knaben. Der machte große Augen und begann sogleich damit zu spielen. Joe war gerührt, als er sah, wie sich der Bub freute. „Wie heißt du denn?", fragte er ihn. Der Bub sah in erstaunt an, denn er konnte sich nicht vorstellen, dass der Weihnachtsmann nicht wüsste, wie er hieße. Schließlich sagte er, dass sein Name Tommy sei.

Joe überlegte fieberhaft, was er nun tun solle. Den Jungen allein lassen? Mitnehmen? In seine Bude? Mit ihm hierbleiben? Ging auch nicht. Wenn die Polizei antanzte, was sollte er sagen? Zur Polizei konnte er auch nicht.

Da hatte er eine Idee. Er schlüpfte aus seiner Weihnachtsmannkluft und stand in Zivil da. Der Junge staunte. „Bist du gar nicht der Weihnachtsmann?"

„Doch, doch", meinte Joe, „Aber jetzt habe ich Feierabend. Jetzt suchen wir deine Mutter. Sie hatte einen Unfall."

Der Kleine begann wieder zu weinen. „Mami! Ich will zur Mami!"

„Machen wir ja. Nur hör auf zu weinen!", redete Joe ihm gut zu.

Er leerte die Tasche der Frau, versteckte die gestohlenen Sachen und verließ mit Tommy die Wohnung. Es kam ohnehin nur ein Spital in Frage, wohin man die Frau gebracht haben konnte. Er fragte beim Empfang, ob hier Frau Groß läge, denn sie sei nicht nach Hause gekommen und er, als Babysitter, wisse nicht, was er nun mit dem Knaben tun sollte. Er bluffte wild drauflos. Ja, Frau Groß läge hier. Zimmer 409.

Als Joe und Tommy den Raum betraten, erblickten sie eine Frau mit dickem Kopfverband. Als diese die Eintretenden erblickte, stieß sie einen unterdrückten Schrei aus. „Tommy! Mein Gott, wo kommst du denn her!"

Der Junge stürzte auf seine Mutter zu, welche ihn in den Arm nahm. „Ich habe der Polizei gesagt, dass du allein zu

Hause bist, aber ich kann mich an die Adresse nicht erinnern! Aber jetzt bist du ja da!" An Joe gewandt setzte sie hinzu: „Und wer sind Sie?"

Joe beschloss, ihr reinen Wein einzuschenken. Als er geendet hatte, herrschte tiefstes Schweigen. Die Frau meinte dann: „Trotz allem eine wunderbare Fügung. Ich weiß nämlich immer noch nicht, wo ich wohne. Und die Tasche war weg, zum Glück, oder auch nicht, was weiß ich!"

Eine Woche später wurde sie entlassen. Es war einen Tag vor dem Heiligen Abend. Ihre Erinnerung war nach und nach zurückgekehrt und ihre Verletzungen ziemlich abgeheilt. In der Zwischenzeit hatte Joe für Tommy gesorgt, so gut er konnte. Die Frau, die übrigens Lisa hieß, war geschieden, arm und einsam. Sie und Joe beschlossen, Weihnachten miteinander zu feiern.

Nach langen Gesprächen kamen sie überein, auf krumme Touren fortan zu verzichten. Schließlich hatte ein gütiges Geschick sie vor den bösen Folgen ihres kriminellen Handelns bewahrt und sie zusammengebracht. Das wollten sie nicht aufs Spiel setzen. Sie wollten es miteinander versuchen und sich auch gemeinsam um Tommy kümmern, um ihm eine bessere Zukunft zu ermöglichen.

Es wurde ein bescheidenes, aber stimmungsvolles, inniges und frohes Weihnachtsfest.

Weihnachtsfreude

Wie schön ist doch die Weihnachtszeit,
wenn es dichte Flocken schneit.
Doch grau in grau das dürre Land.
Der Nebel deckt's mit schwerer Hand.

Doch in der heiligen Weihenacht
das Licht erstrahlt in voller Pracht.
Alle Weihnachtsgnaden fließen,
wenn sich die Himmel uns erschließen.

Obwohl kein Schnee vom Himmel fällt,
jetzt viel heller ist die Welt.
Das goldne Licht der Weihnachtskerzen
strahlt tief in unsre frohen Herzen.

Sag ja

Ist das Vertrauen schon gestorben?
Der Glaube an das Heil verdorben?
Gerade jetzt zur Weihnachtszeit
alle Gnaden stehn bereit.

Wer an das göttlich Licht sich hält,
das uns erstrahlte in der Welt,
empfängt die Liebe und die Freude,
Hilf und Trost bei jedem Leide.

In dieser segensreichen Zeit
alle Engel stehen bereit.
Sie weisen uns den Weg zum Kind,
durch das wir all gerettet sind.

Doch braucht es Mut und guten Willen,
dann wird das Wort sich auch erfüllen.
Sag ja zum Heiland, der geboren.
Dann bist nicht länger du verloren.

Das Danaer- Geschenk

Es ist jetzt schon einige Jahre her, die Kinder waren noch im schulpflichtigen Alter, als wir ein besonderes Weihnachtsfest erlebten. Es verlief so völlig anders als alle Feste davor und danach.

Begonnen hatte alles etwa eine Woche vor dem Heiligen Abend. Ein Onkel meiner Frau, der im Waldviertel lebte, stattete uns einen überraschenden Besuch ab. Wir hatten ihn schon länger nicht gesehen, und er wäre der Letzte gewesen, den wir erwartet hätten. Er war ein sehr gemütlicher und bodenständiger Mann, der immer hilfsbereit war, wenn man ihn brauchte. Nach einigem Geplauder meinte er so nebenbei, er habe uns ein Geschenk mitgebracht. Wir waren freudig erregt, denn wir hatten nicht damit gerechnet, und sehr gespannt, was das wohl sein mochte.

Freudestrahlend teilte uns der Onkel mit, dass er uns einen besonders schönen Karpfen mitgebracht hatte. Darüber freuten wir uns sehr, denn wir pflegten am Heiligen Abend immer Fisch zu essen. Warum nicht auch einmal einen Karpfen. Wir äußerten unsere Freude auch in entsprechend bewegten Worten.

Der Onkel meinte daraufhin, er wolle schnell zum Auto gehen und ihn holen. „Ihr werdet sehen, es ist wirklich ein Prachtstück!"

Wir warteten gespannt, bis er wiederkam. „Ich habe ihn einstweilen auf dem Gang stehen lassen, bis wir alles vorbereitet haben."

Darüber wunderten wir uns sehr, denn wie konnte man einen Karpfen stehen lassen? Warum auf dem Gang? Unsere Gesichter dürften Ratlosigkeit und Überraschung ausgedrückt haben, denn der Onkel sagte so nebenhin, dass wir erst Wasser in Badewanne einlassen müssten. „Ihr habt doch eine Badewanne?", fragte er misstrauisch.

„Natürlich!", beeilten wir uns zu versichern. „Aber wozu eine Badewanne? Der Kühlschrank müsste doch groß genug sein."

„Das geht nicht, das würde ihn vor der Zeit umbringen. Er gehört ins Wasser."

In uns keimte ein ungeheurer Verdacht auf. Umbringen? Wasser? „Lebt er am Ende noch?", riefen meine Frau und ich unisono aus. „Das ist doch wohl ein Witz?"

„Kein Problem, ihr werdet sehen, alles ist kinderleicht. Erst mal die Wanne!", rief er gebieterisch. „Keine Widerrede. Ihr werdet viel Freude haben mit dem Fisch. Ich sage euch genau, wie ihr ihn zubereiten müsst." Schon war er ins Badezimmer enteilt, wo er die Wanne mit Wasser füllte. Wir standen wie gelähmt daneben und sahen seinem Treiben zu. Als nächstes ging er auf den Gang hinaus und kehrte mit einem größeren, eimerartigen Gefäß wieder. Er entleerte den Behälter in die Badewanne. Ein mächtiger Karpfen platschte heraus und begann müde umher zu schwimmen, soweit die engen Raumverhältnisse dies zuließen.

Die Starre wich allmählich von uns. „Bitte, was sollen wir mit diesem Ungetüm?", brach es aus meiner Frau heraus. „Wir dachten, der Fisch sei tot und ordentlich zerlegt, mundfertig quasi. Wie stellst du dir das vor?"

„Keine Bange. Der Fisch soll ja frisch sein. Drum müsst ihr bis zum Heiligen Abend warten. Es ist alles ganz einfach. Betäuben, töten, abschuppen, zerlegen, zubereiten. Er lebt jetzt noch ein paar Tage in reinem Wasser, daher wird er auch ausgezeichnet schmecken. Wenn ihr so ein Tier kauft, müsst ihr schon einiges hinlegen!" Der Onkel schaute uns stolz und zufrieden an und fügte hinzu: „Jetzt muss ich aber los. Viel Freude und guten Appetit. Frohe Weihnachten!". Sprach's, nahm seinen Kübel und enteilte. Der Knall der Wohnungstür schreckte uns aus unseren Gedanken.

„Was war das?", fragte ich, allmählich aus meiner Erstarrung erwachend. „War das ein Traum?"

„Wenn es einer war, dann ein Albtraum!", rief meine Frau. „Was machen wir jetzt?"

Da klingelte es erneut an der Tür. „Hat er es sich überlegt? Nimmt er ihn doch wieder mit?", meinte ich hoffnungsfroh und öffnete die Tür. Aber es waren nur die Kinder, die von der Schule heimkamen.

„Was ist hier los?", rief unser Sohn. „Ist wer gestorben? Und wieso ist da alles so nass? Da plätschert es im Bad. Habt ihr das Wasser rinnen lassen?" Er riss die Badezimmertür auf. „Was ist das? Ich werd verrückt! Ein Karpfen! Was machen wir mit dem?" Er stand da mit offenem Mund, die Worte schienen ihm ausgegangen zu sein. Unsere Tochter, die jünger war als unser Sohn, drängte sich vor und gab glucksende Geräusche von sich. „Ohh!" war alles, was sie hervorbrachte.

Wir erklärten ihnen die Sachlage. „Es ist ja alles ganz einfach", erklärte ich, unsere eigene Ratlosigkeit überspielend, und wiederholte die Anweisungen unseres Onkels. „Das wird unser Weihnachtskarpfen. Kein Problem. Wir machen das schon. Geht jetzt Händewaschen, wir essen gleich." Nach kurzer Pause fügte ich hinzu: „Aber nicht den Karpfen. Der muss noch warten."

Als sich alle beruhigt hatten, aßen wir zu Mittag. Nach dem Essen verschwanden die Kinder ins Bad. Ich hörte, wie sie mit dem Karpfen sprachen und mit ihm offenbar spielten. Das ging die nächsten Tage so. Der Karpfen war quasi zu unserem Haustier geworden. Er schien sogar darauf zu warten, dass wir ihn fütterten und schwamm sofort heran, wenn er uns sah. Er musste ja nicht weit schwimmen, die Wanne war nicht sehr groß. Ich fragte mich, ob ein Fisch zu Emotionen fähig war, denn er schien sich zu freuen, wenn ihn jemand besuchte.

Am Heiligen Abend war es dann soweit. Wir riefen uns die Anleitung unseres Onkel in Erinnerung: Herausfischen, mit einem möglichst entschiedenen Schlag auf den Kopf – also auf das dem Schwanz entgegengesetzte Ende des Fischs – betäuben, töten (wie bloß?), ausnehmen, mit einem starken Messer abschuppen, zerlegen und ...

Leicht gesagt. Mir graute ohnehin, wollte mir aber unter den neugierigen Blicken meiner Frau keine Blöße geben. Die Kinder hatten wir zur Vorsicht in ihre Zimmer geschickt. Wie brachte ich den Fisch aus der Wanne? Immer, wenn ich ihn anfassen wollte, entzog er sich mit einem raschen Flossenschlag meinem Zugriff. Meine Frau weigerte sich, ihn anzufassen, riet mir aber, das Wasser abzulassen, denn dann würde er sich fangen lassen müssen. Gesagt, getan. Als der Fisch, der von den Kindern mittlerweile einen Namen erhalten hatte, nämlich Pinki, sich auf dem Trockenen fühlte, begann er herumzuzappeln. Plötzlich schnellte er sich mit einem kräftigen Flossenschlag aus der Wanne. Uns traf vor Schreck fast der Schlag. „Los, fang ihn!", schrie meine Frau in Panik. Doch der Fisch hatte mittlerweile das Badezimmer verlassen und zappelte japsend im Vorzimmer umher. Ich stürzte auf ihn los, packte ihn und ... ließ ihn wieder aus, er war so glitschig. Durch den Schwung landete er auf einer Bodenvase, die umfiel und zerbarst. Der Fisch hüpfte ein Stück weiter, ich hintendrein. Kriegte ihn wieder in die Finger, aber vergebens. Ich konnte ihn nicht festhalten. Der Kerl war zu kräftig. Ich musste wohl warten, bis ihm die Luft ausging. Mittlerweile war er beim bereits vorbereiteten und geschmückten Christbaum angelangt, den er mit einer letzten kräftigen Flossenbewegung umwarf. Ich packte ihn beim Schwanz und beförderte ihn zur Seite. Er landete punktgenau in einem Fauteuil. Wo er ermattet endlich liegenblieb.

Durch den Lärm wurden die Kinder herbeigerufen. Als sie die Lage erfassten, schrieen sie: „Was macht ihr mit Pinki?! Ist er tot? Gebt ihn ins Wasser zurück!"

Ich keuchte erschöpft, dass das unser Weihnachtsessen sei, worauf sie zu brüllen begannen: „Pinki wird nicht gegessen! Er ist unser Freund! Gebt ihn zurück!"

Ich malte mir eben aus, wie ich den Fisch wohl umbringen sollte. Ich hatte so was noch nie gemacht, und überhaupt, diese Sauerei!

Ich schaute fragend zu meiner Frau hin. Sie nickte unmerklich und entschwand ins Badezimmer, wo ich bald das Wasser rauschen hörte.

Ich näherte mich vorsichtig dem regungslos auf dem Polstersessel liegenden Pinki und wollte ihn packen. Da bäumte er sich noch einmal auf, verpasste mir mit der Schwanzflosse einen kräftigen Schlag auf mein rechtes Auge, das sogleich zuschwoll. Einäugig bekam ich ihn zu fassen. Jetzt hatte er seine letzten Kräfte verbraucht. Es gelang mir, ihn ins Bad zu schaffen und ließ ihn in die Wanne plumpsen. Regungslos sank er auf den Boden. Die Kinder drängte sich herein und riefen: „Du hast ihn umgebracht! Pfui, du Mörder!"

Ich wagte mir gar nicht vorzustellen, was sie gesagt hätten, wäre ich nach Plan verfahren und hätte ihn filettiert.

Da begann sich Pinki zu regen und langsam umher zu schwimmen. Er legte sich leicht schief und schien mich spöttisch anzustarren, als wollte er sagen: „Siehst du, du hast es nicht geschafft!"

Ich ließ ihn in dem Glauben, gab ihm aber im Stillen recht.

Hauptsache, die Kinder waren glücklich. Aber wir waren ohne Essen. Uns blieb nichts übrig, als uns mit Pizza aus der Tiefkühltruhe zu begnügen. Nachdem wir den Baum restauriert hatten, wurde es noch ein gemütliches Fest. Als störend empfand ich lediglich, dass die Kinder alle zehn Minuten ins Bad liefen, um zu sehen, wie es Pinki ging.

Der Fisch erfreute sich offenbar bester Gesundheit. Alle waren zufrieden.

Nach den Feiertagen brachten wir Pinki unter den lautstarken Protesten unserer Sprösslinge zur Alten Donau, wo wir ihn für ein hoffentlich langes Karpfenleben in die Freiheit entließen. Und wir hatten unsere Badewanne wieder.

Dem Onkel gingen wir seitdem aus dem Weg.

Weihnacht in der Fremde

Wie tut mir doch das Herz so weh,
denk ich ans Heimatland im Schnee.
Ich sitze hier am weißen Strand
und habe einen Sonnenbrand.

Nicht dass man nicht zu feiern wüsste
an Brasiliens heißer Küste
das Weihnachtsfest so froh und heiter.
Doch zu Hause ist's gescheiter.

Statt Schneegefunkel heißer Sand.
Palmen voller Glitzertand
statt des Christbaums, bunt geschmückt.
Das Weihnachtsfest scheint mir missglückt.

Die Menschen alle lustig sind,
doch bin dafür ich leider blind.
Es fehlt mir der Familie Bande
hier in diesem fremden Lande.

Wie glücklich ist der Mensch zu preisen,
kann zur Weihnacht heim er reisen.
Für mich bleibt nur ein ferner Traum
der heimatliche Weihnachtsbaum.

Tröstliches Licht

Manchmal drückt die Dunkelheit
im Spätherbst, wenn das Licht noch weit,
auf das Gemüt, die Stimmung sinkt.
Gibt gar nichts, was noch Freude bringt.

Doch flackert leise Hoffnung auf.
Die Sonne ändert bald den Lauf.
Das Licht kehrt auf die Welt zurück.
Bringt Leben, Liebe. Stück für Stück.

Mit des Christbaums Kerzenschein
kehrt die Freude wieder ein.
Lasst uns frohen Herzens singen.
Das Licht mög uns den Frieden bringen.

Gnadenreiche Zeit

Es war wieder einmal soweit. Der Advent würde bald mit Macht ausbrechen. Die herbstliche Stille musste dann wieder dem Trubel weichen, der auch ansonsten friedliche Menschen überkam. Er hatte keine Ahnung, warum das so sein musste. Aber der Drang, seinen Lieben zum Weihnachtsfest irgendwas schenken zu müssen, schien derartig übermächtig, dass sich ihm keiner zu entziehen vermochte. An sich war es ja nichts Schlechtes, Freude zu bereiten. Aber letztlich ging dies alles zu Lasten des eigenen Friedens und somit, da ja keiner eine Insel war, auch zu Lasten des Friedens anderer. Und so steigerte sich der Irrsinn bis zur Tollheit. Alle rannten, stöhnten, keuchten, hechelten dem bestem Geschenk hinterher. Wenn er aus seinem Fenster blickte, konnte er beobachten, wie sich im Verlauf des Advents das Tempo der Massen, die sich durch die Einkaufsstraße unter ihm bewegten, stetig steigerte. Am letzten Sonntag vor Weihnachten, dem Goldenen Sonntag, war meist der Höhepunkt erreicht. An diesem Tag verließ er nie seine Wohnung. Er zog sich in sein Wohnzimmer zurück, nahm ein gutes Buch zur Hand und vertiefte sich in erbauliche Literatur.

Als er einige wenige Seiten gelesen hatte, hielt er inne. Sein Blick richtete sich in unbestimmte Fernen. Er nahm nichts wahr, aber seine Gedanken liefen auf Hochtouren. Allerdings hatten sie mit dem eben Gelesenen nichts zu tun. Vielmehr schweiften sie zurück in eine Zeit, in der auch er noch mit Freude an den Vorbereitungen zum Weihnachtsfest teilhatte. Ja, das war lange her. Seine Frau war noch bei ihm gewesen, ihre beiden Kinder waren noch klein und brannten förmlich vor Vorfreude auf

Weihnachten. Sie waren nicht zu bändigen. „Wann kommt das Christkind endlich?" „Wie oft müssen wir noch schlafen gehen, bis das Christkind kommt?" und ähnliche Aussagen prasselten ständig auf die Eltern herunter. Damals war er noch mit Freude dabei, den Kindern ein schönes Fest zu bereiten.

Aber dann ... Wie lange mochte es her sein, grübelte er, dass sie ihn verlassen hatten? 10 Jahre? Oder mehr? Er wusste es nicht mehr genau. Und damals war in ihm etwas zerbrochen. Alles, was mit Familie, Kindern, Frauen zu tun hatte, erregte Ekel in ihm. Nie wieder, schwor er sich. Seine Frau hatte die Kinder einfach mitgenommen, als sie mit dem Anderen nach Südamerika verschwunden war. Obwohl er sich einige Zeit bemüht hatte, sie zu finden und eventuell zu einer Rückkehr zu bewegen, fand er sich schließlich mit der Situation ab. Seitdem lebte er allein. Das Jahr über war es ihm möglich, halbwegs in Frieden zu leben. Aber vor Weihnachten ertrug er es einfach nicht, allein zu sein. Und so kehrte sich seine Einsamkeit in totale Ablehnung, Verachtung, ja sogar Hass gegenüber allem, was mit dem Fest zu tun hatte. Er lachte über alle, die so geschäftig mit den Vorbereitungen taten. „Ihr werdet schon sehen, was ihr davon habt! Irgendwann seid auch ihr allein. Verlassen von euren sogenannten Lieben. Ist kein Verlass auf die Frauen. Und die Kinder gehen sowieso einmal fort. Wozu also?" Er lachte hämisch vor sich hin und öffnete eine neue Flasche. Alkohol verschaffte ihm für einige Zeit Erleichterung, weil er ihn vergessen ließ. Aber wenn die Wirkung nachließ, schlug der Schmerz umso heftiger zu.

Weihnachten, pah! Wer brauche dass schon? Und so duselte er allmählich ein. Plötzlich zuckte er zusammen. Was war das? Aus dem Nebenzimmer drang auf einmal heller Lichtschein zu ihm herüber. Brannte es? Erschrocken fuhr er auf und stürzte nach nebenan. An der

Schwelle hielt er geblendet inne. Aus dem hellen Lichtschein löste sich eine Gestalt und trat vor ihn hin. Wer war das? Ein Engel? Blödsinn, schalt er sich selbst. Engel gibt's keine. Da vernahm er eine Stimme, die er schon lange nicht mehr gehört hatte. War das möglich? Seine Frau? Wie kam sie hierher? Und was sollte das Licht? Ein neuer Trick, um ihn zu ärgern?

Die Stimme sprach mit sanfter Stimme zu ihm. „Hab keine Angst. Ich bringe dir Nachricht von deiner Frau und deinen Kindern."

„Wieso Nachricht?", stammelte er. „Das ist doch ihre Stimme?"

„Ich spreche mit ihrer Stimme, damit du mir vertraust. Deine Familie denkt öfter an dich, als du glaubst. Die Kinder sind schon fast erwachsen und fragen oft nach dir. Deine Frau lebt wieder allein, der andere Mann hat sie verlassen."

„Geschieht ihr recht!", rief er triumphierend. „Da weiß sie wenigstens, wie sich das anfühlt. Sie hat mir das Herz gebrochen!"

„Trag es ihr nicht nach. Sie hat genug gebüßt für ihre Tat."

„Will sie etwa zu mir zurückkommen? Nach all den Jahren? Das müsste ich mir gut überlegen. Mein Herz ist tot. Ich kann nichts mehr für sie empfinden. Nur Hass."

„Auch Hass ist ein Gefühl. Liebe und Hass liegen oft nah beisammen. Aber es geht um deine Kinder. Um deine Söhne. Sie wollen dich sehen. Sie wollen ihren Vater kennenlernen." Die Lichtgestalt machte noch einen Schritt auf ihn zu. „Überleg es dir gut. Stoß sie nicht zurück. Ich weiß, dass du sie vermisst, obwohl du es nie zugeben würdest. Und deine Frau empfindet große Furcht vor einer Rückkehr. Obwohl sie sehr gerne zurückkommen möchte. Sie hat Angst, du würdest sie zurückstoßen."

Nach einer kurzen Pause fügte die Gestalt hinzu: „Und wie siehst du das?"

„Ich? Ich will von ihr nichts mehr wissen, sagte ich doch schon. Soll dahin gehen, wo der Pfeffer wächst. Oder vielmehr dort bleiben."

„Denk darüber nach! Ich rate es dir! Denk nach! Denk nach!"

Die Stimme war leiser geworden, der Lichtschein ließ nach und verschwand letztlich ganz.

Er rieb sich die Augen. Was war das für ein blöder Traum! Er saß gemütlich in seinem Polstersessel, wie vorhin, das Buch lag offen auf seinem Schoß, und das Glas Schnaps stand auf dem Tisch neben ihm. Er musste wohl eingeschlafen sein.

Allmählich fielen ihm die Details seines Traums wieder ein. Denn ein Traum musste es wohl gewesen sein, was sonst. Seine Kinder? Seine Frau? Was sollte das? Er begann nachzudenken, wie er sich wohl verhalten würde, wenn das zuträfe, was ihm die Traumgestalt mitgeteilt hatte. Auf seine Kinder wäre er schon neugierig. Sie konnten ja schließlich nichts dafür. Aber seine Frau? Er zögerte. Letztlich würde er sich anhören, was sie zu sagen hätte. Ob er ihr jemals verzeihen würde können, konnte er im Moment nicht sagen. Aber sehen würde er seine Kinder schon gerne. Und wenn er ehrlich war, auch seine Frau. Wieso sie ihn verlassen hatte, wusste er bis heute nicht. Aber wahrscheinlich war da ein triftiger Grund. Obwohl sie immer gut miteinander ausgekommen waren, dürfte ihr etwas gefehlt haben. Und gegen die Liebe ist kein Kraut gewachsen, und kein rationaler Grund konnte da was ausrichten. Natürlich war bei ihnen der gefühlsmäßige Überschwang irgendwann abgekühlt. Aber war da nicht viel mehr gewesen als gewisse flüchtige Gefühle? War da nicht eine tiefe Vertrautheit, innige Kameradschaft und ein großes Zusammengehörigkeitsgefühl, quasi ein ausgeprägter Teamgeist?

Seufzend nahm er einen tiefen Schluck aus seinem Glas. Was sollte die Sinniererei. Ein Traum, sonst nichts. Er schaltete den TV-Apparat ein. Gelangweilt zappte er durch die Sender. Eine blöde Comedy-Show, der TV-Doktor, ein Gartenratgeber, Nachrichten. Ein Erdbeben in Mexiko, ein neuerlicher Terroranschlag im Irak, ein Flugzeugabsturz über dem Atlantik ... Was so alles passierte. Nur Katastrophen, Mord und Totschlag.

Wie schön war das doch gewesen, als sie noch miteinander alles besprechen konnten. Wenn er ehrlich war, bedrückte ihn besonders in der Weihnachtszeit die Einsamkeit.

Der Fernsehsprecher erwähnte eben, dass das Flugzeug von Argentinien nach Frankfurt unterwegs gewesen war. Ob es Überlebende gab, wusste man noch nicht zu sagen. Seine Frau war mit dem Anderen auch nach Argentinien geflohen. Gut, dass sie dort war und nicht zu ihm unterwegs, wie die Stimme ihm weismachen wollte. Aber letztlich war ihm das egal. – War es ihm wirklich egal? Er grübelte vor sich hin. Wenn sie wirklich käme, mit den Kindern, und es ehrlich meinte, vielleicht wäre da noch ein Fünkchen Gefühl. Und Hoffnung. Er verspürte eine große Erleichterung bei diesem Gedanken, und Zufriedenheit, so, als ob er eine wichtige Entscheidung getroffen hätte.

Er war wieder müde geworden. Die viele Denkerei, der Alkohol, was auch immer. Er fiel in einen seichten Schlummer. Auf einmal vermeinte er wieder die Stimme zu hören, die ihm vorhin so ins Gewissen geredet hatte. „Eine gute Entscheidung. Sie wird dir Glück bringen. Und Frieden. Verzeih ihr. Dann wird der Weihnachtsfrieden dir nach langer Zeit wieder zuteil werden." Er fühlte sich wieder von Licht umgeben, das langsam verlosch.

Als er erwachte, war es völlig dunkel geworden. Mühsam erhob er sich und sah zum Fenster hinaus. Es hatte zu schneien begonnen. Der Traum ging ihm noch immer im Kopf herum. Seit wann träumte man in Fortsetzungen? Okay. Er sollte vermutlich mit dem Trinken aufhören. Er begann offenbar zu spinnen. Es war halt niemand da, der ihn ein wenig leitete. Auch egal. Aber wieso hatte der Engel, oder was immer das war, ihm gesagt, er habe richtig entschieden? Hatte er überhaupt etwas entschieden? Er kehrte unschlüssig zu seinem Sessel zurück.

Da klingelte es an der Tür. Wer, in aller Welt, störte ihn um diese Zeit? Er bekam fast nie Besuch, außer von ein paar Kumpels vom Sportplatz. Aber die waren sicher mit Weihnachtsvorbereitungen beschäfig und würden kaum Besuche machen, schon gar nicht bei ihm.

Er schlurfte mürrisch zur Tür und öffnete. Draußen standen eine fremde Frau und zwei halbwüchsige Burschen. Verblüfft starrte er sie eine Weile an. Schließlich stieß er hervor: „Helga?! Bist du das wirklich? Und ihr seid Willi und Kurt? Spinne ich? Wie kommt ihr da her?" Er fuhr sich mit der Hand über die Augen. „Wahrscheinlich träume ich schon wieder. Ich muss mit dem Saufen aufhören." Er wollte die Tür zuschlagen. Da trat der größere der beiden Burschen dazwischen. „Nicht, Vater! Wir sind es wirklich! Bitte lass uns rein! Wir sind so weit gereist, um dich zu sehen. Bitte!" Die Frau war einen Schritt vorgetreten und fügte hinzu. „Bitte, Fritz! Wenigstens um der Kinder willen! Gib uns eine Stunde. Oder mehr, ganz wie du willst."

Der Angesprochen trat zur Seite, wie in Trance, und winkte sie herein. Sie nahmen im Wohnzimmer Platz. Der ältere Sohn sagte traurig, er hätte sich so gewünscht, dass der Vater sich freuen würde, sie zu sehen. Für ihn und seinen Bruder war es der sehnlichste Wunsch gewesen, ihren Vater zu sehen, an den sie sich nur noch dunkel erinnern konnten.

Schweigen. Endlich raffte sich Fritz auf, etwas zu sagen. „Ich bin ziemlich durcheinander. Ich hatte eben erst einen, das heiß eigentlich, zwei merkwürdige Träume. Ein Engel, oder was immer, fragte mich mit deiner Stimme, Helga, ob ich euch zurücknehmen würde. Erst lehnte ich entrüstet ab, dann war ich etwas milder gestimmt und nicht mehr so kategorisch dagegen. Da meinte die Stimme, das wäre gut." Er hielt kurz inne, weil ihm etwas eingefallen war. „Habt ihr gehört, dass ein Flugzeug aus Argentinien kommend über dem Meer abgestürzt ist? Als ich das hörte, musste ich wieder an euch denken. Aber ihr wart ja nicht drinnen. Sonst wäret ihr nicht da, klar." Er blickte sie an. „Trotz allem schön, dass ihr da seid. Bleibt ihr, hm, bleibt ihr hier? Über Weihnachten?" Er blickte sie forschend an. „Das wäre doch schön. Vielleicht ist da noch etwas zwischen uns. Und die Kinder könnte ich auch kennenlernen. Wieder kennenlernen," fügte er berichtigend hinzu.

„Ja, das würden wir gerne. – Kannst du mir verzeihen? Bitte, verzeih mir. Es ist so wichtig für mich. Für uns beide. Glaube mir, es tut mir leid!" Tränen traten in ihre Augen. Die Kinder ergänzten: „Bitte Papa, nimm uns wieder auf. Wir wollen bei dir sein. Und Mama auch. Verzeih ihr bitte. Das wäre unser schönstes Weihnachtsgeschenk." Sie schauten ihn flehend an.

Fritz überlegte. Dann sah er seine Kinder der Reihe nach an, blickte seiner Frau in die Augen und meinte dann mit einem tiefen Seufzer. „Ich versuche es. Ich *will* dir verzeihen, aber mein Herz braucht noch ein wenig Zeit. Ich freue mich, dass ihr da seid!"

Helga meinte mit einem erleichterten Lächeln: „Der Wille allein ist schon die Verzeihung. Du machst es uns leicht, ich danke dir. *Wir* danken dir." Ein merkwürdiger

Glanz schien sie zu umgeben, während sie so sprach. Fritz griff nach ihrer Hand. O, wie war sie doch kalt. „Ihr seid ja halb erfroren!", rief er. „Wie gedankenlos von mir! Ich mache euch einen heißen Tee." Fritz wandte sich zur Küche. Für jemanden da sein zu können, empfand er als sehr schön. Zusehends wurde er milder gestimmt. Ja, er wollte es nochmals versuchen.

Er bereitete den Tee zu und schickte sich an, ins Wohnzimmer zurückzukehren. Wieso war der Fernseher plötzlich so laut? Ich muss ihn abschalten, schließlich hatte er seine Familie um sich. Hört sich seltsam an. Wo waren sie denn bloß alle? Wollten sie ihn zum Narren halten?

Da sagte der Fernsehsprecher, dass man mittlerweile mehr über den Flugzeugabsturz über dem Atlantik wusste.

Es gab keine Überlebenden.

Wahre Weihenacht

Das, was bleibt vom Weihnachtsfest,
wenn der Kommerz wird weggedacht,
ist ein freudenvoller Rest,
der dich umfängt zur Weihenacht.

Jeder Mensch auf dieser Erde,
ob er gläubig oder nicht,
durch das Fest gesegnet werde.
Denn es bringt das Himmelslicht.

Das Licht, das viele Namen trägt,
den einen Namen hat empfangen,
der Liebe in die Herzen legt
und sie lässt das Heil erlangen.

Die Freude über Weihnachtsgaben
ist winzig unterm Lichterbaum.
Das Licht, das wir empfangen haben,
doch ewig strahlt durch Zeit und Raum.

Zäher Wunsch

Der Wunsch hält sich zäh.
Weihnacht im Schnee.
Doch meist ist's nur grün.
Gar Blumen oft blühn.

In unseren Breiten
gab es vor Zeiten
Schnee oft in Massen.
Man konnt es kaum fassen.

Wenn Schnee heut auch fehlt:
Alles, was zählt,
ist der himmlische Frieden.
Durch die Weihnacht beschieden.

Ergreif die Gnade

Das alte Märchen ewig neu:
In der Krippe liegt im Heu
das Kindlein, arm im Stall geboren,
der Welt zum Heile, die verloren.

Das klingt für viele glatt erfunden.
Und sie sagen unumwunden,
dass sie das nicht nötig haben.
Sie glauben nicht an Himmelsgaben.

Doch das von Gott gesandte Kind
kam auch für jene, welche blind
den hohen Segensgaben wehren.
Und sich um Christus wenig scheren.

Doch in der Weihnacht Lichterschein
des Himmels Gnade liegt allein.
Ergreif, o Mensch, des Kindleins Hand,
die die Welt mit Gott verband.

Frohe Zeit

Zur Weihenacht die Gnad entspringt.
Wo Lieb erwacht und Licht uns bringt.
Die einst verloren, gerettet sind,
weil Christ geboren, das heil'ge Kind.
Doch nur im Kleinen Stille ist,
wenn sich vereinen Mensch und Christ.
Im Herzen Frieden, Dankbarkeit,
dass uns beschieden frohe Zeit.

Nachwort

Das Weihnachtsfest hat viele Facetten. Wir haben einige davon berührt, wobei die allgemeine Lage sicher einiges zur Auswahl der Themen beigetragen hat. Wie auch immer: Ich liebe das Weihnachtsfest. Mag sein, dass man sich ein kindliches Gemüt bewahren muss, um Gefallen an diesem Fest zu finden. Aber was ist daran schlecht?

Es ist wunderbar, wenn da Kinder sind, deren unbändige Freude ansteckend wirken kann. Aber selbst, wenn die Kinder aus dem Haus sind, ist es schön, Weihnachten zu feiern. Vielleicht kommen die Kinder ja vorbei.

Wir besorgen Geschenke, von denen wir hoffen, dass sie bei unseren Lieben Gefallen finden würden. Nur dass es in unserer Wohlstandszeit immer schwieriger wird, passende Geschenke zu finden. Doch das Schenken bereitet mindestens ebenso viel Freude wie beschenkt zu werden.

Was macht Weihnachten sonst noch aus?

Da ist einmal die Zeit der Vorbereitung. Wir richtet alles her, was wir zum Fest brauchen: Den Christbaumschmuck, die Weihnachtsdekoration, besorgen einen passenden Baum und alles, was für ein weihnachtliches Festmahl erforderlich scheint. Und all das kann uns in die friedvolle und feierliche Vorfreude versetzen, die wir an Weihnachten so lieben.

Dann ist es endlich soweit. Wer würde sich nicht einen stimmungsvollen Weihnachtsabend wünschen? Dazu gehören sicherlich ein festlich gedeckter Tisch, der sanfte Schein der Christbaumkerzen, der das Zimmer in geheimnisvolles Licht taucht, die bunten Päckchen, die neugierig machen, das Lesen des Weihnachtsevangeliums und feierliche Musik, wie etwa „Stille Nacht, heilige Nacht".

Wir gedenken aber auch des eigentlichen Sinns des Weihnachtsfestes, nämlich der Geburt von Jesus Christus, unseres Erlösers. Mit der Geburt von Jesus, dem Christus, kam auch im übertragenen Sinn das Licht in die Welt. In eine Welt der Finsternis, wo der Weg zum Aufstieg für die Menschheit versperrt war.

Oft kommt mir der Gedanke, dass wir auch in unserer dunklen und hasserfüllten Zeit, in der unsere gesamte Zivilisation und unser Glaube Gefahr laufen, von dunklen Mächten zerstört zu werden, die Rückkehr des Lichtes bitter nötig hätten.

Wir sollten alle, die wir das Weihnachtsfest und unsere christlichen Traditionen lieben, den Versuchen entschieden entgegentreten, die darauf abzielen, das Weihnachtsfest abzuschaffen. Dies wird leider bereits in manchen Kindergärten und Schulen praktiziert. Lassen wir nicht zu, dass aus falscher Rücksichtnahme auf fremde Menschen, die nicht hier ihren Ursprung haben und völlig anderen Kulturen und Religionen entstammen, unsere eigene Kultur zerstört wird.

Jedem möge unsere christliche Liebe zuteil werden. Aber nicht auf Kosten unserer Tradition und bis zur Selbstaufgabe.

Ich mag Weihnachten. Das Fest der Hoffnung, der Liebe und des Friedens. Möge dieser Frieden in den Familien herrschen und von dort ausstrahlen auf das ganze Land und in die ganze Welt.

In Jesu Namen.

Weitere Werke von Alfred L. Rosteck

Der Menuett-Tänzer
Geschichten über Obsessionen
BoD 2015, 200 Seiten
ISBN: 978-3-7347-8205-3
eBook: ISBN 978-3-7392-8818-5

seelenland
Lyrik, BoD 2014, 92 Seiten
ISBN 978-3-7386-0106-0
eBook: ISBN 978-3-7386-6309-9

des lebens volles maß
Lyrik, BoD 2013, 92 Seiten
ISBN: 978-3-7322-4672-4
eBook: ISBN 978-3-7322-2124-0

Das Labyrinth und andere
Kurzgeschichten
Edition VaBene 2012, 200 Seiten
ISBN 978-3-85167-267-1

schicksalwärts
Lyrik, BoD 2011, 92 Seiten
ISBN 978-3-8423-6086-0
eBook: ISBN 978-3-7357-7192-6

Wer spürt die Freude noch? Gedichte
und Geschichten um Weihnachten
BoD 2010, 108 Seiten
ISBN: 978-3-8391-8112-6
eBook: ISBN 978-3-7322-0965-1

Zwischen Abend und Morgen
Lyrik, BoD 2010, 236 Seiten
ISBN 978-3-8391-5276-8
eBook: ISBN 978-3-7357-7294-7

Spirale des Lebens
Lyrik, BoD 2009, 92 Seiten
ISBN 978-3-8370-9584-5
e-book: ISBN 978-3-8423-1501-3

Der alte Mann auf dem Felsen
Novelle, BoD 2008, 96 Seiten
ISBN 978-3-8370-5651-8
eBook: ISBN 978-3-7357-9573-1

Eine Insel in der Zeit
Lyrik, BoD 2008, 92 Seiten
ISBN 978-3-8370-4299-3

Ewige Reise
Lyrik, BoD 2007, 96 Seiten
ISBN 978-3-8370-1047-3
eBook: ISBN 978-3-8423-9909-9

Im Sternenschein
Lyrik, BoD 2007, 92 Seiten
ISBN 978-3-8334-9280-8

Stilles Glück
Lyrik, BoD 2007, 92 Seiten
ISBN 978-3-8334-9197-9
eBook: ISBN 978-3-8423-8905-2

**Der Mann, der sich in seine eigene
Geschichte verirrte**
Roman, Novum 2007, 250 Seiten
ISBN 978-3-8502-2147-4

Der Schatten deiner Liebe
Lyrik, Novum 2007, 144 Seiten
ISBN 978-3-9025-3664-8